El Alma, El Espíritu del Hombre y El Castigo Eterno

Por Bill H. Reeves

El Alma, El Espíritu de Hombre y El Castigo Eterno

Por Bill H. Reeves

Wayne Partain
1714 W. 25th Street
Odessa, TX 79763
waynepartain1@gmail.com

EL ALMA, EL ESPÍRITU DEL HOMBRE Y EL CASTIGO ETERNO

Índice

Introducción:

1. ¿Por qué la cuestión? ¿Quiénes la promueven?

Hay una cuestión viviente y creciente en el mundo religioso que ha involucrado y persuadido a muchos como también a algunos de mis hermanos liberales. Ella niega la existencia del alma o espíritu como una entidad separada del cuerpo y que exista el infierno (del latín, inferior) o que exista como un lugar de castigo de duración eterna. Los Testigos de Jehová niegan la existencia del infierno, afirmando que el muerto inicuo no sufrirá en un infierno, sino que dejará de existir. Los Adventistas Del Séptimo Día niegan que el hombre tenga un alma que sobreviva la muerte del cuerpo y afirman que el inicuo, después del Juicio Final y un tiempo de sufrir castigo, luego será aniquilado. El Sr. Samuele Bacchiocchi es un gran defensor de la doctrina adventista. Ha escrito mucho sobre la naturaleza humana y el destino del inicuo. Es un apologista de la Iglesia Adventista del Séptimo Día. Atenderé a algunas afirmaciones erróneas también de él.

La controversia se levantó en Inglaterra en el siglo 19 en la Iglesia Anglicana, y de allí llegó a los EE.UU. El propósito en este artículo mío no es gastar espacio hablando acerca de la historia de esta falsa doctrina, sino es dirigirme directamente a la referida falsedad para refutarla para que mis lectores no sean engañados por el sofisma y la perversión de las Escrituras de estos señores y hermanos míos en la fe.

Mi hermano en la fe, Homer Hailey, ya difunto, bien conocido en la hermandad norteamericana y también apreciado de todos, comenzó al final de su vida a promover la cuestión indicada. (Su libro en inglés sobre el tema fue publicado después de su muerte). El hno. Edward Fudge ha publicado un libro en inglés, *El Fuego Que Consume*, que en gran parte sigue la doctrina de los Adventistas Del Séptimo Día en cuanto al castigo final del inicuo que según él terminará en la aniquilación. Este libro está ganando seguidores mayormente de entre mis hermanos liberales. El hno. Al Maxey, hermano muy liberal, sostuvo un debate escrito en inglés con el hermano conservador, Thomas Thrasher, sobre el tema. (Muchos de mis comentarios de refutación en esta obra se refieren a este debate escrito). El libro de Edward Fudge convenció al hno. Maxey que según él antes había estado mal sobre el tema. El hno. Maxey cita a los escritos del hermano muy liberal, Leroy Garrett, quien aboga por esta falsa doctrina. Cita a una larga lista de sectarios (y algunos hermanos míos en la fe) a favor de su posición errónea. Los llama "eruditos" pero ¿cómo puede un erudito denominacional usar bien las Escrituras (2 Tim. 2:15)? El denominacionalismo (división) ¡no es de Dios (unidad) sino de los hombres. Esta presente obra es una refutación en gran parte de la falsa doctrina de estos señores mencionados. Estaré citando también a otros autores y sus argumentos para luego exponer la falsedad de ellos.

Se debe notar que todo falso maestro ha leído la Biblia y tiene una respuesta preparada para todo pasaje contrario a su posición abogada. El dice algo, pero no deshace el hecho revelado en el pasaje porque no lo puede hacer, la verdad bíblica no lo ayuda. El solo hecho de citar un pasaje no es en sí prueba de veracidad referente a la posición abogada.

El título del libro por el hno. Edward Fudge es *El Fuego Que Consume, (publicado 1982)* basado en Heb. 12:29. ¿Por qué no lo tituló *El Fuego Que Nunca Se Apagará*, basándose en Mat. 3:12; Mar. 9:43,48? Más adelante tocaré este punto más en detalle.

Desde el principio de mi obra quiero explicar que el **holismo** es la base de la argumentación de los falsos maestros ya mencionados. La palabra "holismo, holístico, holista" se deriva del término griego, holos o jolos (según se pronuncia), que significa básicamente "todo" o "entero." Se emplea en Jn. 7:23 (completamente); Hech. 11:26 (todo); 21:31 (toda); Tito 1:11 (enteras); etc. El holismo *en cuanto a la naturaleza del hombre* afirma que el todo es compuesto de partes **irreducibles o inseparables**. Según esta filosofía el alma, el espíritu y el cuerpo del hombre forman un "todo" cuyas partes no pueden ser separadas. Por eso el holista niega que el hombre en su naturaleza tenga un alma, o un espíritu, que pueda ser separado del cuerpo. (Cuando el hombre muere, todo muere). ***Recuérdese que sin esta filosofía falsa estos falsos maestros no tienen caso alguno.*** Los textos arriba sencillamente enfatizan lo completo de algo, no lo irreducible o inseparable de algo.

1 Tes. 5:23 ilustra el verdadero "holismo." El texto dice: "Y el mismo Dios de paz os santifique por *completo* (griego, holos + telos =

todo + fin); y *todo* (griego, holos + kleros = todo + suerte) vuestro ser, espíritu, alma y cuerpo, sea guardado irreprensible para la venida de nuestro Señor Jesucristo." Pablo desea que los hermanos tesalonicenses sean completamente santificados por Dios, y que todo lo que ellos son (cuerpo, alma y espíritu) sea guardado irreprensible. En cambio, el holismo que los falsos maestros propagan afirma que las partes (cuerpo, alma, y espíritu) ¡no pueden ser separados! Pero Pablo no dice tal cosa, ni toca tal situación en este pasaje. Cuando Pablo dijo a Tito (1:11) "casas enteras (holos)" ¿afirmaba que las casas no podían ser separadas? ¿Qué todas las casas constituían una entidad irreducible? ¡Claro que no!

Nota: Al citar de los escritos **en inglés** del hno. Maxey, del Sr. Bacchiocchi, y de otros, la traducción al español será la **mía.**

Notemos la descripción del hno. Maxey de la cuestión a la mano: tiene que ver con "la naturaleza del hombre mismo además de una comprensión mejor concerniente a la naturaleza del castigo final del no redimido." Con esto se refiere a su creencia de que el hombre no tiene alma aparte del cuerpo, y que el castigo final del perdido será la aniquilación, "la extinción total y eterna," dice. También escribió esto: "¿Es el destino eterno de los malos tortura perpetua o últimamente extinción?" Apelando a las emociones y al prejuicio, el hermano emplea la palabra "tortura" pero si el castigo eterno (Mat. 25:46) es tortura perpetua necesariamente él cree en "tortura por un tiempo limitado" porque castigo es castigo, no importando el tiempo que dure. Si es tortura en uno de los dos casos, es tortura en el otro. ¡Siempre habrá tortura! ¿Aceptará él esto? Una expresión emotiva no es prueba bíblica. Es una táctica carnal que muchas veces el falso maestro emplea.

2. Tres términos del oponente: Tradicionalista, Condicionalista, Universalista

En los escritos y debates de los que niegan la existencia del alma como una entidad separada del cuerpo y que exista el infierno como un lugar de castigo de duración eterna, se emplean tres términos que merecen nuestra atención desde el principio. Son: tradicionalista, condicionalista y universalista.

a. Tradicionalista. Todo liberal presenta a su oponente como tradicionalista, dando a entender que la posición del oponente no es bíblica sino solamente conforme a una aceptación de largo tiempo. Aunque es cierto que con el paso del tiempo se toman posiciones que carecen de autorización bíblica, no es así en todo caso y resulta que el falso maestro emplea este término perjudicial para desacreditar a su oponente. El tildar a otro de tradicionalista no es prueba alguna de que el que así tilda tenga la verdad bíblica referente a lo que afirma. ¡Tildar no es probar!

Hay otras etiquetas usadas por algunos de los autores que menciono en esta introducción. El hno. Maxey emplea éstas: "neo platonistas" (Platón, filósofo griego, 428-347 a. de J.C.), "alma-istas inmortales," "de disposición ultra legalista," "facciosos," "almas enfermas," "de enseñanza impía," "tradición eclesiástica," "fastidiosos credos de dogma tradicional." Tal lenguaje es empleado para efectuar una reacción negativa en la mente del lector hacia el oponente. Es una demostración de intelectualidad que el autor supone poseer. Es emplear "suaves palabras y lisonjas" (Rom. 16:18), "estratagema de hombres que para engañar emplean con astucia las artimañas del error" (Efes. 4:14), y "palabras persuasivas" (Col. 2:4; Efes. 5:6; Isa. 30:10). No se contentan con "seguir la verdad en amor" (Efes. 4:15). La verdad no hace uso de tales tácticas.

La palabra "tradición" significa algo *entregado*, sin significar el origen de lo entregado. Por eso hay tradiciones buenas y malas. Pero las que son de los apóstoles son buenas. Las humanas que son entregadas como leyes de Dios, o que invalidan la Palabra de Dios, son malas (Mat. 15:2). Las demás pueden ser inocentes. Por esto, es evidente que el falso maestro emplea el término "tradición" para predisponer las mentes de sus lectores. Emplea la táctica de prejuicio. Todo maestro falso emplea tácticas carnales; la verdad no necesita de tal sofisma.

Sobre la palabra "tradición" notemos lo siguiente: Hay tradiciones (Gr., *paradosis*) humanas (Mat. 15:2) y hay apostólicas (1 Cor. 11:2, instrucciones, texto griego, *paradosis*, la misma palabra que se encuentra en Mat. 15:2). Una tradición es sencillamente una cosa (como una instrucción) *entregada*. Lo malo que puede haber en una tradición es que haya sido entregada por el hombre no inspirado, como lo son los hombres mencionados arriba en esta Introducción. El apóstol Pablo nos manda (1 Cor. 11:2) seguir las tradiciones (*paradosis*)

(Reina Valera, *instrucciones*) que él entregó. En este sentido correcto, no es nada malo ser tradicionalista porque significa seguir lo que el apóstol de Cristo *entregó*. Al contrario es todo loable. Pero el hermano liberal no usa la palabra en el sentido bíblico.

(Anticipando al falso maestro, explico que al decir yo "liberal" en mi contexto no es etiqueta sino una indicación de postura específica con referencia a las cuestiones que nos dividen en la hermandad de la iglesia que es de Cristo, siendo los liberales quienes toman la libertad de irse más allá de lo que está escrito (1 Cor. 4:6), contrastados ellos con los hermanos con quienes comulgo al estar en contra (anti) de las innovaciones introducidas por los liberales. No me opongo nada a que ellos me llamen "anti" siempre que indiquen la cosa a que me opongo. Todo el mundo es anti algo, inclusive todos mis hermanos y hasta el ateo, pero me glorío en que se me llame "anti" en cuanto a las cuestiones que dividen la iglesia del Señor en el tiempo presente).

El Sr. Bacchiocchi escribe: "...Con pocas excepciones, la vista tradicional del infierno que ha dominado el pensar cristiano desde el tiempo de Agustino hasta el siglo 19. Esta vista sencillamente afirma que inmediatamente en seguida de la muerte las almas sin cuerpos de los pecadores impenitentes descienden al infierno, donde sufren el castigo de un literal fuego eterno. En la resurrección, el cuerpo es reunida con el alma, así intensificándose el dolor del infierno para los perdidos y el placer del cielo para los salvos." Con estas palabras el señor representa falsamente a muchos de mis lectores y a mí, si nos considera "tradicionalistas." El hno. Maxey nos representa como "tradicionalistas" pero no tenemos tal "vista" como descrita por el Sr. Bacchiocchi. Para el falso maestro, toda "vista" que no concuerda con la suya es "tradición humana." ¡Qué conveniente! Es de notarse que el falso maestro se acostumbra a referirse a la posición del oponente como "tradicional" pero es otra cosa probar su acusación y uso correcto de la palabra "tradición." Él asevera mucho, pero la aseveración no es prueba.

Aquí basta decir que el infierno actualmente no existe, sino solamente el Hades. El infierno es el lugar de castigo eterno de después del Juicio Final (Apoc. 20:10-15). Nadie va al infierno "inmediatamente en seguida de la muerte" física antes del día final. Cuando los hombres mueren, los justos y los pecadores, van los dos al Hades

(Luc. 16:22) en cuanto a sus espíritus, donde se encuentran en uno de dos estados, en el reposo o en el tormento. (Sus cuerpos comúnmente son sepultados en la tierra, Hech. 2:29; 5:10; 8:2; Mat. 14:12).

El Sr. Bacchiocchi afirma que sus oponentes dicen que "sufren el castigo de un literal fuego eterno." Esta es otra falsa representación. El infierno consistirá de un fuego, no literal como el fuego que el hombre conoce en esta vida, porque tal fuego no podría cumplir el propósito de Dios con su castigo de los malos, sino de un fuego especial para la ocasión (Mar. 9:43, no se apagará). Será "fuego eterno," Judas 7. El fuego literal que conocemos en esta vida sobre la tierra no queda encendido para siempre, pero el fuego que Dios preparará para la eternidad sí se encenderá para siempre. El fuego literal de esta vida no afectaría el alma que Dios va a destruir (Mat. 10:28; Luc. 12:4,5). Todo es posible con Dios (considérese Dan 3:19-30).

b. Inmortalidad condicional, condicionalista. Veremos al considerar los escritos del hno. Maxey, del Sr. Bacchiocchi y de otros que se refieren a veces a la posición "tradicional," la "condicional" y "la universal." Para ellos los que afirmamos que el infierno es de duración eterna tomamos una posición solamente *tradicional* de hace muchos siglos, pero no con base bíblica, mientras que ellos afirman que el castigo final para los malos es de aniquilación completa. Luego dicen que hay otros que creen que a fin de cuentas con el tiempo habrá una condición de salvación universal.

El lector notará de la cita arriba que el Sr. Bacchiocchi evita la palabra "Hades" y en su lugar dice "infierno." Es que no cree en el Hades como descrito en las Escrituras. Pero es falsa representación decir que yo y otros creemos que al morir el pecador desciende al infierno; no, su alma es llevada al Hades. El infierno es todavía futuro, de después del Juicio Final.

El Sr. Bacchiocchi escribe que "En la resurrección, el cuerpo es reunido con el alma," pero el lector no debe ser engañado, pues el señor no cree que el hombre tenga un alma. Para él en la resurrección el muerto (cuerpo, alma y espíritu, que todo es una suma irreducible) volverá a tener vida, no un alma aparte del cuerpo. En sus palabras citadas no nos dice si el cuerpo resucitado será exactamente como lo físico que murió aunque deja esa impresión. Al leer los escritos del falso maestro hay que fijarse mucho en la manera exacta en que se exprese. Notemos la cita siguiente de él:

"La tercera parte de este capítulo presenta la vista del infierno como un lugar de la última disolución y aniquilación de los no salvos. Algunos llaman esta vista inmortalidad condicional, porque nuestro estudio de la vista holística bíblica de la naturaleza humana muestra que la inmortalidad no es una posesión humana innata; es un don divino otorgado a los creyentes condicionado en su respuesta de fe. Dios no resucitará los inicuos a la vida inmortal con el fin de infligir en ellos un castigo de dolor eterno. Al contrario, los malos serán resucitados mortales con el fin de recibir su castigo que resultará en su aniquilación última."

No vemos pasaje alguno de prueba en lo que él afirma; nada más asevera. Nos dice lo que es su vista. Su vista está basada en la teoría holística de que todo es una suma irreducible; es decir, de que el cuerpo, el alma y el espíritu no son componentes individuales, sino una sola entidad. Toda su argumentación descansa sobre este fundamento erróneo y nada bíblico.

La palabra "inmortalidad" significa que no se puede *morir* (= no puede ser *separado*). El Sr. Bacchiocchi nos representa falsamente al decir "Dios no resucitará los inicuos a la vida inmortal con el fin de infligir en ellos un castigo de dolor eterno." El falso maestro siempre representa mal a su oponente. La palabra vida y muerte en las Escrituras se emplean en el sentido de unión y separación. Obviamente los inicuos no serán resucitados a una vida (tener unión con Dios) que no pueda morir (por ser inmortal). El señor confunde a propósito la vida inmortal con la existencia eterna del alma (porque no cree que el hombre tenga un alma en sentido de espíritu). El alma del hombre no muere con la muerte del cuerpo (Luc. 16:22-25; Apoc. 6:9-11). Existe a pesar de la muerte física (Mat. 10:28; Luc. 12:4,5). El falso erige su hombre de paja y luego sale a destruirle en combate.

Aunque el espíritu que Dios da al hombre (Heb. 12:9; Ecle. 12:7) no es inmortal (cualidad de unión o vida en sí), sí existirá sin fin (es eterno) porque procede del Dios eterno. Que viva (en unión con Dios), o si es separado de Dios (muerte espiritual), depende de la vida de la persona con su espíritu dado por Dios en sus días sobre la tierra.

Él dice que "los malos serán resucitados mortales" pero el apóstol Pablo le contradice (1 Cor. 15:35-54). El cuerpo resucitado no será el mortal que conocemos en esta vida. El Sr. Bacchiocchi no quiere admitir que Dios va a destruir el alma en la Gehena (infierno; griego, Geenna), Mat. 10:28; Luc. 12:4,5.

El argumento del condicionalista es que sólo Dios tiene inmortalidad, y es cierto (1 Tim. 6:16, "solo Soberano, Rey de reyes, y Señor de señores, el único que tiene inmortalidad"). Luego afirma que Dios da la inmortalidad solamente a los creyentes (Jn. 3:36). Pero el texto dice que a él Dios da la **vida**, que es unión espiritual, o conexión con Dios en comunión. El salvo no estará sujeto a la "muerte" (separación) porque con el Señor estará para siempre (1 Tes. 4:17). En ese sentido y contexto el salvo eternamente tendrá inmortalidad.

Al impío Dios no da inmortalidad en el referido estado porque el tal será separado (mortalidad, sujeto a la muerte) de Dios eternamente (Mat. 25:41).

Ahora, consideremos 1 Cor. 15:53, "Porque es necesario que esto corruptible se vista de incorrupción, y esto mortal se vista de inmortalidad." Este pasaje es de otro contexto distinto. Los versículos 35-57 tratan de la resurrección y del *cuerpo* que resucitará (15:35), no de la naturaleza o condición del alma, o espíritu después del Juicio Final). Acerca del cuerpo dicen los versículos 42-44, "Así también es la resurrección de los muertos. Se siembra en corrupción, resucitará en incorrupción. 43 Se siembra en deshonra, resucitará en gloria; se siembra en debilidad, resucitará en poder. 44 Se siembra cuerpo animal, resucitará cuerpo espiritual. Hay cuerpo animal, y hay cuerpo espiritual." El cuerpo físico que todo hombre conoce está diseñado para la vida en la tierra ("cuerpo mortal," "cuerpos mortales," Rom. 6:12; 8:11) pero el cuerpo resucitado tendrá su forma para la existencia en el mundo venidero. Como el hombre terrenal se viste de ropa, el hombre venidero será vestido de la incorrupción y la inmortalidad, lo apropiado para la existencia para el Juicio Final y la eternidad, sea lo que sea su destino eterno. Véase 2 Cor. 5:4. La incorrupción y la inmortalidad vestirán al cuerpo resucitado y su espíritu como la ropa en esta vida cubre al hombre terrenal. El falso maestro no se queda con el contexto.

1 Cor. 15:53 no dice que Dios dará al espíritu mortalidad, sino que el **cuerpo** corruptible y mortal resucitará incorruptible e inmortal. La **existencia** del salvo como también del perdido durará para siempre; no habrá separación (mortalidad, muerte, separación) del espíritu de ese cuerpo. El destino de los dos es para siempre (Mat. 25:46).

La cuestión a la mano no trata de la mortalidad o inmortalidad del espíritu, sino de su existencia sin fin. Dios es el padre de los espíritus (Heb. 12:9; Ecles. 12:7). Las Escrituras no hablan nada acerca de aniquilacionismo (total destrucción, o ser no existente, del alma en sentido de espíritu). Tal creencia es invención del hombre.

El razonamiento falso del Sr. Bacchiocchi y otros condicionalistas es el siguiente, como presentado por el Sr. Bacchiocchi:

"Es imposible reconciliar esta vista (bhr—de un infierno de castigo eterno) con la visión profética del mundo nuevo en que ya no habrá más 'llanto, ni clamor, ni dolor, porque las primeras cosas pasaron' (Apoc. 21:4). ¿Cómo podrían ser olvidados el lloro y el dolor si la agonía y la angustia de los perdidos estuvieran a una distancia de vista como en la parábola del Hombre Rico y Lázaro (Luc. 16:19-31)? La misión de redención de Cristo ha sido una victoria incondicional. 'La victoria significa que el mal ha sido removido y no queda nada sino luz y amor. La teoría de castigo eterno significa que la sombra de oscuridad cuelga para siempre sobre la nueva creación."

Estas "palabras persuasivas" no nos engañan (Col. 2:4). Mal representan la realidad del caso. Apoc. 21 describe "la santa ciudad" (v. 2) y "la esposa del Cordero" (v. 9) y que nada de cosa inmunda, abominación y mentira entrará en esa ciudad (v. 27). No tendrá ninguna "sombra" por encima porque la "gloria de Dios la ilumina y el Cordero es su lumbrera." El error del argumento del condicionalista consiste en aplicar a la consideración de existencia de cosas lo que se dice específicamente acerca de una consideración en particular. Un país lleno de criminales de toda clase que libra todas sus calles de ellos, guardándoles sin esperanza de salida en prisiones más seguras, puede considerarse un nuevo país de luz, amor y victoria sobre el mal. Pero las prisiones y prisioneros todavía existen. ¿No ha sido "removido" el mal (para usar la palabra del Sr. Bacchiocchi) y para el país no hay ahora solamente el bien? El falso no usa bien las Escrituras (2 Tim. 2:15) sino las tuerce (2 Ped. 3:16).

c. El universalismo.

Aunque el universalismo no es parte del tema que ahora refuto, notaremos brevemente lo que es tal sistema. Se afirma que el infierno no puede existir como un estado eterno porque Dios es demasiado amoroso y benévolo como para permitir que alguien sufra eternamente en semejante lugar. Por lo tanto, a fin de cuentas todos los malos (algunas afirman que hasta Satanás) serán salvos, sin importar que no se emplee el evangelio para ello porque los malos serán salvos estando en una condición de castigo breve y temporario y sin el evangelio. Dicen que la naturaleza de Dios demanda esta conclusión.

Aquí conviene notar que la afirmación emplea pura emoción y razonamiento humano, y sin apoyo alguno de prueba bíblica. Exalta a la sabiduría humana y no a la divina (Luc. 16:15; 1 Cor. 1:20-25; Sant. 3:15,17; Isa. 55:8,9). Heb. 10:31 da respuesta adecuada para la apelación emocional del hombre incrédulo.

El modernismo niega lo milagroso y la inspiración verbal de las Escrituras, rechazando lo que no parezca aceptable a la mente humana. Por eso, dado que no les parece razonable que un Dios de amor consignaría a un castigo eterno (Mat. 25:46) ellos salen preguntando: ¿puede un Dios misericordioso ser tan cruel? Algunos de mis hermanos en la fe, como los mencionados en esta Introducción, han aceptado este razonamiento humano. (Ignoran lo que dicen Isa. 55:8,9; Rom. 11:22; Dan. 4:37; etc.). Optan por la doctrina más popular que afirma que los malos destinados al castigo eterno de Dios después de sufrir en el infierno por un tiempo indefinido serán aniquilados. Dicen que no sufrirán eternamente. (¿No existe la misma supuesta "crueldad" en tal posición, aunque sea de una corta duración?).

Cito de una obra del Sr. Samuele Bacchiocchi, de la Universidad Andrews:

"Son pocas las enseñanzas que han agitado más la conciencia humana a través de los siglos que la vista tradicional del infierno como un lugar donde los perdidos sufren castigo sensible en cuerpo y alma por toda la eternidad. La prospectiva de que algún día un número vasto de gente será consignada al tormento eterno del infierno mucho estorba y aflige a cristianos sensitivos. Cierto es que casi todo el mundo tiene amigos o familiares que han muerto sin entregarse a Cristo. La prospectiva de algún día verles agonizando en el infierno por toda la eternidad puede fácilmente conducir a cristianos pensativos a decir a Dios: 'No gracias, Dios; no me interesa su clase de paraíso.'"

Sigue el Sr. Bacchiocchi citando a un famoso escéptico inglés, Bertrand Russell (1872-1970), quien acusó a Jesús de enseñar una doctrina de un infierno de fuego que ha causado tanta crueldad en la historia cristiana. Russell dijo: "En realidad no creo que una persona con el grado apropiado de bondad en su naturaleza pondría en el mundo esa clase de temores y terrores."

Los señores Bacchiocchi y Russell hablan de lo que "estorba" a la gente y lo que "no creo" pero no citan texto bíblico para apoyar sus ideas. No nos importan sus ideas y creencias, como tampoco los nuestros son aceptados por ellos. Con el apóstol Pablo preguntamos: "¿Qué dice la Escritura?"(Rom. 4:3). Véase Isa. 8:20. Las emociones de razonamiento subjetivo no determinan el verdadero carácter de Dios.

Otros negadores afirman que a fin de cuentas, ya erradicado todo mal, habrá una salvación universal en que todo el mundo irá al cielo para la eternidad.

Los universalistas que afirman ser cristianos a menudo citan las siguientes pasajes como la base de su creencia errónea: Rom. 11:32; 1 Cor. 15:22; Rom. 5:18,19; 1 Tim. 2:3-6; 4:10; 2 Ped. 3:9; 1 Jn. 2:2; 4:14. Ellos se valen de la palabra "todos" en estos pasajes, pero ignoran por completo el contexto de los pasajes, y la condicionalidad del evangelio de Cristo. Es obvio cómo ellos tuercen estos pasajes (2 Ped. 3:16). Aplican la palabra "todos" a la totalidad de la humanidad sin excepción alguna y tienen salvos aparte del evangelio a almas sufriendo "pena de eterna perdición, excluidos de la presencia del Señor" (2 Tes. 1:12).

Cristo es **potencialmente** el Salvador de todo el mundo pero en realidad solamente de los creyentes. En cuanto a la salvación eterna, los "todos" son creyentes (Rom. 6:5-11; 6:23; 8:1; Efes. 2:10; Col. 3:5-11).

Los universalistas no nos dicen cómo serán salvados el Diablo y todos los reprobados en el Juicio Final. No hay evangelio para los tales. La salvación condicional de Dios es para "los que son de Cristo, en su venida" (1 Cor. 15:23). Los universalistas predican un evangelio sin condiciones. Tienen a Dios salvando incondicionalmente a quienes condena en el Juicio Final. Los pasajes que citan para prueba no dicen tal cosa. Considérese Sal. 49.

El catolicismo romano tiene su "purgatorio" para la salvación de los buenos (con algo de pecado en su vida al morir en esta vida), pero el universalismo tiene a los malos consignados al infierno temporario y a la aniquilación pero finalmente destinados al gozo de estar en la presencia eterna de un Dios de amor. Al parecer el universalista cree solamente en la mitad de lo que dice Rom. 11:22.

3. Como parte de esta introducción inserto aquí la refutación mía de un artículo breve que escribí para un hermano en la fe que me envió tres explicaciones que da el Sr. Bacchiocchi con referencia al castigo eterno. Servirá para dar una idea de lo que afirman él y otros de los mencionados arriba. Tendremos oportunidad al entrar más en esta obra presente, "EL ALMA, EL ESPÍRITU DEL HOMBRE Y EL CASTIGO ETERNO," de examinar más en detalle la argumentación de ellos, pero mi artículo aquí servirá de introducción de la cuestión a la mano.

"Sobre las TRES EXPLICACIONES que le da Samuele Bacchiocchi al castigo eterno.

Estimado hno. _____…. Mis comentarios abajo van en seguida de mis iniciales, br—, y en otro tipo distinto. Suyo, Bill Reeves

1. La solemne declaración de Cristo: "E irán éstos al castigo eterno, y los justos a la vida eterna" (Mat. 25:46), generalmente es considerada como la prueba más clara del sufrimiento consciente que los perdidos soportarán por toda la eternidad. ¿Esta es la única interpretación legítima del texto?

br — Nótese que esta pregunta del Sr. Bacchiocchi admite que ¡tal interpretación es una legítima! Luego cita a alguno que está de acuerdo con él. Eso no es prueba alguna.

John Stott responde: "No, eso es interpretar en el texto algo que no está necesariamente allí. Lo que Jesús dijo es que tanto la vida como el castigo serían eternos, pero en este pasaje no definió la naturaleza de ninguno de los dos."

br — El Sr. Stott, al decir "no está necesariamente allí," admite que puede estar allí. ¿Qué clase de prueba para su posición es ésa? Lo que dijo Jesús claramente da a entender que el castigo de los malos va a durar igual tiempo que la vida de los salvos. En este versículo no hay distinción alguna en el uso repetido de la palabra "eterna."

Esto no se puede negar. Porque en otro lado haya hablado de la vida eterna como un placer consciente de Dios (Juan 17:3), no se deduce que el castigo eterno debe ser una experiencia consciente de dolor en manos de Dios.

br — Jesús en este pasaje no hace ninguna distinción al usar la palabra "eterna" y de esto justamente se deduce que la sensación consciente en el primer caso también lo es en el segundo.

Al contrario, aunque declara que ambos son eternos, Jesús está contrastando los dos destinos: cuanto más distintos sean, mejor.

br — Jesús contrasta, no solamente la duración de los dos casos, sino la condición del alma en los dos casos de duración eterna.

Los tradicionalistas leen "castigo eterno" como "maltrato eterno," pero ese no es el significado de la frase. Como observa agudamente Basil Atkinson, "cuando el adjetivo aionios que significa 'eterno' se usa en griego con sustantivos de acción, hace referencia al resultado de la acción, no al proceso. Por consiguiente, la frase 'castigo eterno' es comparable con 'redención eterna' y 'salvación eterna', ambas frases de la Escritura. Nadie supone que estamos siendo redimidos o salvados constantemente.

br —Hay tanta acción en el sustantivo VIDA que en el sustantivo CASTIGO. Nadie tampoco supone que estaremos siendo hechos vivos constantemente. ¡Su ilustración no ilustra!

Él dice "maltrato," término que no uso. ¿Acaso dirá él que el castigo de tiempo limitado, según él, va a ser buen trato? Él astutamente apela a las emociones del hombre.

2. La frase "no tienen reposo de día ni de noche" (Apoc. 14:11) es interpretada por los tradicionalistas como si describiera el tormento eterno del infierno. Sin embargo, la frase denota la continuidad y no la duración eterna de una acción. Juan usa la misma frase "día y noche" para describir a las criaturas vivientes que alaban a Dios (Apoc. 4:8), a los mártires que sirven a Dios (Apoc. 7:15), a Satanás acusando a los hermanos (Apoc. 12:10) y a la trinidad profana que es

atormentada en el lago de fuego (Apoc. 20:10). En cada caso, el pensamiento es el mismo: la acción continúa mientras dura. Harold Guillebaud explica correctamente que la frase "no tienen reposo de día ni de noche" (Apoc. 14:11) "ciertamente dice que no habrá pausa o intervalo en el sufrimiento de los seguidores de la bestia, mientras continúe; pero en sí no dice que continuará para siempre."

br — En cuanto a Apoc. 12:10, el diablo acusaba día y noche al hombre pecador antes de llegar la salvación de Cristo, pero "ahora ha venido la salvación…" y el diablo ya no puede seguir acusando de pecado al cristiano vencedor. Ahora, ¿qué hay de "ahora" en cuanto a los demás casos citados para indicar algún tiempo de cesación de la continuidad? En la ausencia de una "ahora" para indicar cesación de la continuidad de la acción designada por la frase "dia y noche" la continuidad sigue para siempre. ¿Afirmará el falso maestro que los pasajes que menciona, menos Apoc. 12:10 que dice "ahora," también hablan de acciones que no continuarán para siempre? ¿Afirmará el Sr. Bacchiocchi que en un tiempo futuro los cuatro seres vivientes cesarán de alabar a Dios, o que los salvos cesarán de servir a Dios en el cielo, dado que los pasajes no dicen explícitamente "que continuará para siempre"? Apoc. 12:10 es cualificado por la palabra "ahora" pero no los demás pasajes citados. ¿Quién es el hombre no inspirado que decida para los demás cuando la frase "día y noche" significa continuidad y luego aniquilación, y no duración eterna?

El respaldo para esta conclusión lo brinda el uso de la frase "día y noche" de Isaías 34:10, donde el fuego de Edom no es saciado "de noche ni de día" y "perpetuamente subirá su humo" (Isa. 34:10). La imaginería está diagramada para transmitir que el fuego de Edom continuaría hasta que hubiere consumido todo lo que había, y luego se extinguiría.

br — Esta profecía se cumplió en la completa destrucción de Edom, pero esta destrucción simboliza el castigo de todas las naciones representadas por Edom que se oponen al Israel de Dios (Gál. 6:16), la iglesia, como Isa. 66:24 y Apoc. 19:3 lo presentan. Edom literal sufrió una completa destrucción, simbolizando esto que los enemigos de la iglesia del Señor sufrirán castigo día y noche; o sea, eternamente (griego: para las edades de las edades). Isa. 34:10 no habla de una destrucción física lograda en un tiempo limitado, sino de una que permanecerá mostrando la venganza de Dios a las edades de las edades.

3. Pedro compara la destrucción de ellos con la del mundo antiguo por medio del Diluvio y las ciudades de Sodoma y Gomorra que fueron reducidas a cenizas (2 Ped. 2:5-6). Dios "condenó por destrucción a las ciudades de Sodoma y de Gomorra, reduciéndolas a ceniza y poniéndolas de ejemplo a los que habían de vivir impíamente" (2 Ped. 2:6). Aquí Pedro consigna inequívocamente que la destrucción por medio del fuego de Sodoma y Gomorra sirve como ejemplo del destino de los perdidos.

br — El texto griego emplea la palabra que transliterada resulta en "catástrofe." (El mismo término griego, catástrofe, se emplea en 2 Tim. 2:14, perdición; Septuaginta, subversión; Ver. Moderna, trastornar; Biblia de las Américas, ruina; Nuevo Mundo, derrumba; Nueva Versión Internacional, destruir; La Biblia Latinoamericana, desconciertan; Biblia Lenguaje Sencillo, dañan; Castellano Antiguo, confunde; Dios Habla Hoy 1996, perjudicar. Lacueva en su Interlineal dice ruina, o subversión). Es cierto que las dos ciudades fueron reducidas a ceniza por esa catástrofe; esto es lo que dice el texto griego. Es más; Pedro no emplea la palabra "extinción." La palabra "destrucción" no significa extinción. El Sr. Bacchiocchi es quien mete la palabra "extinción" en la discusión para defender su error. ¿Cuál versión dice extinción?

La catástrofe, o bien destrucción o ruina, que sufrieron esas dos ciudades, dice Pedro, sirve de ejemplo de la catástrofe que Dios tiene preparada para los que viven impíamente, y ella es "pena de eterna perdición" (2 Tes. 1:9). Aquí en este texto griego la palabra utilizada para decir "perdición" significa ruina. No significa extinción, cosa que tiene que afirmar el falso maestro. Las palabras "extinción" y "aniquilación" no aparecen en la Versión Reina-Valera.

FIN DEL ARTÍCULO

(El autor hace referencia a "la vista holística bíblica" como si fuera una realidad probada en lugar de una suposición de él. Tal "vista" no es nada bíblica. Suponer no es probar).

4. El aniquilacionismo (total destrucción, o ser no existente)

El aniquilacionismo es una parte sobresaliente de la doctrina falsa sobre el castigo eterno de Mateo 25:46. Hace hincapié en que Dios es demasiado benigno para atormentar a sus criaturas por toda la eternidad. Afirma que en lugar de existir un infierno los inicuos finalmente serán aniquilados, ya dejando de existir. ("¿Qué Dios echaría a sus hijos en un horno?" dicen los Testigos de Jehová. Otros admiten la existencia del infierno pero dicen que un Dios tan benigno no castigará por la eternidad sino por un tiempo limitado y luego aniquilará a los malos). El aniquilamiento es abogado por los Adventistas Del Séptimo Día, algunos anglicanos (de la Iglesia nacional de Inglaterra), algunos protestantes y hasta algunos de mis hermanos en la fe (de iglesias de Cristo).

El aniquilacionismo declara que la idea de un castigo eterno tiene su origen en las especulaciones judaicas de antes de Cristo y en la filosofía griega de un alma inmortal en el hombre. El aniquilacionista interpreta pasajes bíblicos a su manera, siguiendo la teoría holística, para llegar a sus conclusiones determinadas.

Los adventistas para su creencia en el aniquilacionismo citan principalmente Ezequiel 18:4, ""He aquí que todas las almas son mías; como el alma del padre, así el **alma** del hijo es mía; el alma que pecare, esa **morirá**." Pero morir ¡no es dejar de existir! Es separación, o literal o espiritual, según el caso.

Mi hermano en la fe, Eduardo Fudge, pretende reconciliar al aniquilacionismo con lo que dice Apoc. 20:10, "Y el diablo que los engañaba, fue lanzado en el lago de fuego y azufre, donde está la bestia y el falso Profeta; y serán atormentados día y noche para siempre jamás." El admite que "no hay ninguna solución fácil," y añade que "sea lo que sea el caso con Satanás el castigo final de los inicuos es tema distinto." Al parecer se le olvida que pocos versículos después (en el 15) se nos informa que "el que no fue hallado escrito en el libro de la vida, fue lanzado en el lago de fuego." Los inicuos sufrirán el mismo destino que el diablo. Véase también Mat. 25:41.

El Sr. Bacchiocchi arregla el fin del diablo, aseverando que será destruido por el fuego de 2 Ped. 3:12.

Ni un pasaje citado por el hermano Al Maxey menciona alguna aniquilación o extinción de los inicuos. De hecho la palabra "aniquilación" no se encuentra en la Biblia de las versiones reconocidas como buenas. Al contrario muchos son los pasajes que prueban la realidad del castigo que sufrirán eternamente los malos (Mat. 25:41,46).

Según Rom. 2:9 Dios va a pagar a los inicuos 'tribulación y angustia," no aniquilación.

I. ALMA, ESPÍRITU
A. Los términos alma y espíritu en las Escrituras

Heb. 4:12 presenta al hombre como compuesto de tres elementos, "el alma y el espíritu, las coyunturas y los tuétanos;" o sea, alma, espíritu y cuerpo físico. En contexto la frase apunta a lo completo de la operación de la palabra de Dios. y no a cierta distinción absoluta de elementos del hombre. 1 Tes. 5:23 también menciona tres elementos constituyentes en el ser humano: espíritu, alma y cuerpo.

Hay casos en que los dos términos alma y espíritu se emplean en las Escrituras intercambiablemente Luc. 1:46,47; Fil. 1:27), aunque en particular el **alma** (griego, **psuche**) representa la **vida** (griego, **zoe**) del hombre sobre la tierra en cuerpo físico que resulta de recibir de Dios cada hombre nacido un **espíritu** (griego, **pneuma**) que es el principio vital del hombre (Gén. 1:27). Es lo que Dios dio a Adán al soplar en la nariz de él el aliento (griego, **pnoe**) de vida. Hech. 17:25 dice, da a todos **vida** (griego, **zoe**) y **aliento** (griego, **pnoe**) y todas las cosas.

Mientras **zoe** indica la vida que el hombre y el animal tienen en común (Hech. 5:20; 17:25; 1 Jn. 5:16), el vocablo griego **psuche** (alma), aparte de apuntar al corazón y mente del hombre, indica la vida individual de la persona como un ser viviente. El Sal. 66:9 dice: "El es quien preservó la vida (psuche) a nuestra alma (zoe)." La Ver. Reina Valera 2000 dice, "El es el que puso nuestra alma en vida."

A veces se emplea para indicar una persona (1 Ped. 3:20, "pocas personas," **psuche**).

En general **psuche** es el ser viviente como individuo. Cuando se entrega a sí mismo en muerte da su vida (Jn. 10:11, "el buen pastor su vida da por las ovejas"). Al alma (**psuche**), pues, muchas veces se refiere a la vida natural que tiene el ser viviente (Mat. 6:25; Mar, 10:45; Luc. 12:22). Hech. 20:10 dice: "pues está vivo" pero el texto griego dice literalmente: "porque su vida (psuche) está en él."

B. Cómo las Escrituras emplean los términos "espíritu" y "alma."

1. Espíritu (griego, *pneuma* y *pnoe* — *pnoe* = *aliento*; *pneo* = *soplar*,) — sustantivo y verbo

Significa o se aplica al aire o viento (Jn.3:8), al aliento de la nariz o boca (2 Tes. 2:8; Apoc. 11:11, el aliento de vida), la parte invisible e inmaterial del hombre que le da ánimo, vida o voluntad (Luc. 8:55; Hech. 7:59; Jn. 6:63), la parte sensible de hombre por la cual percibe, desea y refleja (Mat. 26:41, Luc. 1:47; Fil. 1:27). El espíritu es dado a cada hombre por Dios el Padre (Heb. 12:9) y así el hombre viene siendo hecho a la imagen de Dios (Gén. 1:26,27). Cuando el hombre muere, su espíritu vuelve a Dios quien lo dio (Ecle. 12:7). Dios es el padre del espíritu del hombre en el sentido de ser el que da origen al espíritu.

El espíritu, el principio vital en el cuerpo vivo, no tiene carne y hueso (Luc. 24:39). Los discípulos pensaron estar viendo un espíritu (ver. 37), no un ser humano ordinario con vida. Los espíritus malos no tenían cuerpos físicos, sino entraron en seres humanos (Mar. 9:21; antes de ser niño ese muchacho no tenía el espíritu malo adentro, pero ese espíritu sí existía y pudo entrar en él).

El cuerpo físico lleva atavío u ornato exterior y material, pero el espíritu de él debe ser un ornato incorruptible en el cuerpo físico.

2. Alma (griego, *psuche*)

Significa o se aplica a la vida natural del hombre sobre la tierra (Luc. 12:22; Hech. 20:10; 1 Jn. 3:16), la parte invisible del hombre (Mat. 10:28), la parte sensible del hombre (Mat. 11:29; Hech. 14:2), el hombre interior (Luc. 21:19; 1 Ped. 2:11), toda persona viva (Hech. 3:23; Rom. 13:1).

3. Espíritu. (griego, *pneuma*)

Aunque los dos términos se emplean a veces como sinónimos, **el espíritu** es lo que Dios da al hombre para que sea una persona viva, y su vida física misma es representada por la palabra alma. El cuerpo es animado por el espíritu y el resultado es una alma o vida sobre la tierra.

Las emociones se atribuyen al alma (Mat. 26:38) pero en Jn. 13:21 se asocian con el espíritu. Compárense Sal. 42:11 con 1 Rey. 21:5. Luc. 1:47 dice que el espíritu se regocija en Dios, y Sal. 35:9 dice que el alma se alegra en Jehová.

De mi obra INTERROGANTES Y RESPUESTAS cito el # 124,
124. TRICOTOMÍA (DIVIDIR EN TRES PARTES)
"¿Qué es esto que el hombre se compone de tres partes?"

—

1. Dice el apóstol Pablo que "todo vuestro ser, *espíritu*, *alma* y *cuerpo*, sea guardado irreprensible..." (1 Tes. 5:23). De esta manera Pablo se refiere a la totalidad del ser humano.

2. En otros pasajes el ser humano se presenta como de dos partes: cuerpo y alma (Mateo 10:28); y el hombre exterior y el interior (2 Cor. 4:16).

3. En Mat. 6:25 se habla de la vida y del cuerpo; en Luc. 12:19,20 del hombre que habla a su alma, y que Dios le pide su alma; y en Luc. 8:55 de la muchacha muerta cuyo espíritu volvió.

4. A veces el hombre interior se presenta como el alma (Heb. 10:39), a veces como el espíritu (1 Cor. 5:5).

5. Heb. 4:12 hace distinción entre el alma y el espíritu. En seguida cito de mi obra, NOTAS SOBRE HEBREOS, página 21:

"El alma (psuche) es la vida que el espíritu da al cuerpo, mientras van juntos los dos. Es la vida animal, la sede de lo que pertenece y concierne a la vida en la carne. El espíritu (pneuma) es el principio vital que anima al cuerpo; es la parte con existencia sin fin del hombre, dada por Dios. Pablo, en 1 Tes. 5:23, hace esta distinción (aunque en otros textos se usan alternativamente los dos términos). En 1 Cor. 2:14,15 vemos que el *hombre natural* (psuchikos, la palabra psuche, en forma de adjetivo) se distingue del hombre espiritual (pneumatikos, la palabra pneuma en forma de adjetivo).

"No obstante, no entiendo que el autor inspirado esté diciendo que la Palabra de Dios literalmente hace separación entre el alma y el espíritu (como si fueran dos entidades separadas e independientes), sino que solamente hace uso de una expresión para denotar la obra de la Palabra de Dios en exponer lo más interior de nuestra vida terrestre y la condición de nuestro espíritu. Todo nuestro ser es expuesto por la Palabra de Dios y ella declara la condición de él. Nos revela el hombre natural y también el espiritual."

C. Pasajes:

Presento una lista larga pero incompleta que afirma que el hombre tiene un alma, que tiene un espíritu, *aparte del cuerpo de carne*, porque los Srs. Bacchiocchi, Maxey, etc. niegan esta verdad. (Es evidente por el pasaje 2 Cor. 12:2-4 que hay algo aparte del cuerpo que es capaz de oír y entender palabras).

La lista sigue:

- Gén. 1:27, creó Dios al hombre a su imagen, a imagen de Dios lo creó;
- Gén. 25:17, exhaló el espíritu Ismael, y murió
- Gén. 35:18, Y aconteció que al salírsele el alma (pues murió)
- Gén. 35:29, exhaló Isaac el espíritu, y murió,
- Éxodo 3:6, Yo soy el Dios de tu padre, el Dios de Abraham, el Dios de Isaac y el Dios de Jacob (de vivos, no de aniquilados).
- Núm. 16:22, Dios de los espíritus de toda carne
- Núm. 27:16, Dios de los espíritus de toda carne
- Deut. 2:30, Jehová tu Dios había endurecido su espíritu, y obstinado su corazón (en este caso el espíritu = el corazón o mente)
- Jueces 15:19, salió de allí agua, y él bebió, y recobró su espíritu, y se reanimó
- 1 Sam. 28:15, ¿Por qué me has inquietado haciéndome venir? (de la muerte. El cuerpo ya estuvo podrido, pero el espíritu no)
- 1 Rey. 21:5, ¿Por qué está tan decaído tu espíritu?
- 1 Rey. 17:21,22, te ruego que hagas volver el alma de este niño a él …. Jehová oyó la voz de Elías, y el alma del niño volvió a él, y revivió.
- ¿De dónde volvió? Existió en alguna parte fuera del cuerpo.
- Job 14:22, Mas su carne sobre él se dolerá, Y se entristecerá en él su alma
- Job 10:12, Vida y misericordia me concediste, Y tu cuidado guardó mi espíritu
- Job 32:8, Ciertamente espíritu hay en el hombre, Y el soplo del Omnipotente le hace que entienda
- Job 32:18, Porque lleno estoy de palabras, Y me apremia el espíritu dentro de mí

- Job 33:4, El espíritu de Dios me hizo, Y el soplo del Omnipotente me dio vida
- Sal. 31:5, En tu mano encomiendo mi espíritu
- Sal. 35:9, Entonces mi alma se alegrará en Jehová; Se regocijará en su salvación
- Sal. 42:11, ¿Por qué te abates, oh alma mía, Y por qué te turbas dentro de mí?
- Sal. 66:9, El es quien preservó la vida a nuestra alma
- Ecle. 3:21, ¿Quién sabe que el espíritu de los hijos de los hombres sube arriba, y que el espíritu del animal desciende abajo a la tierra?
- Ecle. 8:8, No hay hombre que tenga potestad sobre el espíritu para retener el espíritu, ni potestad sobre el día de la muerte
- Ecle. 12:7, y el polvo vuelva a la tierra, como era, y el espíritu vuelva a Dios que lo dio
- Isa. 26:9, Con mi alma te he deseado en la noche, y en tanto que me dure el espíritu dentro de mí
- Isa. 42:5, da aliento al pueblo que mora sobre ella, y espíritu a los que por ella andan
- Dan. 2:1, tuvo Nabucodonosor sueños, y se perturbó su espíritu, y se le fue el sueño
- Dan. 5:20, su corazón se ensoberbeció, y su espíritu se endureció
- Dan. 7:15, Se me turbó el espíritu a mí, Daniel, en medio de mi cuerpo
- Zac. 12:1, Jehová, que … forma el espíritu del hombre dentro de él
- Mal. 2:15, Guardaos, pues, en vuestro espíritu
- Mat. 6:25, No os afanéis por vuestra vida (griego, alma)
- Mat. 10:28, los que matan el cuerpo, mas el alma no pueden matar (Si el hombre es totalmente mortal, esto no puede ser porque sí puede matar el cuerpo)
- Mat. 15:18, Pero lo que sale de la boca, del corazón sale (cuerpo y corazón distintos)
- Mat. 17:3, les aparecieron Moisés y Elías
- Mat. 22:32,37, Yo soy el Dios de Abraham, el Dios de Isaac y el Dios de Jacob? Dios no es Dios de muertos, sino de

vivos....Amarás al Señor tu Dios con todo tu corazón, y con toda tu alma, y con toda tu mente

- Mat. 26:38,41, Mi alma está muy triste, hasta la muerte ..... el espíritu a la verdad está dispuesto, pero la carne es débil
- Mat. 27:50, clamado a gran voz, entregó el espíritu
- Mar. 2:8, conociendo luego Jesús en su espíritu
- Mar. 8:12, Y gimiendo en su espíritu, dijo
- Luc. 1:46,47, Engrandece mi alma al Señor; 47 Y mi espíritu se regocija en Dios mi Salvador
- Luc. 2:35, y una espada traspasará tu misma alma
- Luc. 8:55, Entonces su espíritu volvió, e inmediatamente se levantó ... ¿De dónde volvió? Existió en alguna parte fuera del cuerpo. Sale del cuerpo y el cuerpo queda muerto (Sant. 2:26); vuelve y hay resurrección.
- Luc. 12:5, después de haber quitado la vida, tiene poder de echar en el infierno
- Luc. 12:20, Necio, esta noche vienen a pedirte tu alma (¿Venían a pedirle su aliento?)
- Luc. 16:22,23, Aconteció que murió el mendigo, y fue llevado por los ángeles al seno de Abraham; y murió también el rico, y fue sepultado. 23 Y en el Hades alzó sus ojos, estando en tormentos, y vio de lejos a Abraham, y a Lázaro en su seno. Este pasaje es el cumplimiento de Sal. 16:10.
- Luc. 23:46, Padre, en tus manos encomiendo mi espíritu. Y habiendo dicho esto, expiró (la palabra griega para decir "expiró" es expneuma = (entregó el espíritu, o exhaló el espíritu, Mat. 27:50; Jn. 19:30).
- Luc.24:38,39, ¿Por qué estáis turbados, y vienen a vuestro corazón estos pensamientos? ... porque un espíritu no tiene carne ni huesos, como veis que yo tengo."
- Jn. 6:63, El espíritu es el que da vida; la carne para nada aprovecha; las palabras que yo os he hablado son espíritu y son vida
- Jn. 11:33, se estremeció en espíritu y se conmovió John 13:21, Habiendo dicho Jesús esto, se conmovió en espíritu
- Hech. 2:31, su alma no fue dejada en el Hades, ni su carne vio corrupción (El alma y el cuerpo son distintos, "no ... ni")

- Hech. 5:4, ¿Por qué pusiste esto en tu corazón? Hech. 5:16, muchos venían a Jerusalén, trayendo enfermos y atormentados de espíritus inmundos; y todos eran sanados. (¿Jesús echó fuera a alientos? Haciendo eso esas personas enfermas hubieran muerto)
- Hech. 7:59, apedreaban a Esteban, mientras él invocaba y decía: Señor Jesús, recibe mi espíritu Hech. 14:2,22, corrompieron los ánimos (griego, almas) de los gentiles contra los hermanos … confirmando los ánimos de los discípulos
- Hech. 17:16, su espíritu se enardecía viendo la ciudad entregada a la idolatría
- Hech. 18:25, Éste… siendo de espíritu fervoroso
- Hech. 20:9,10, fue levantado muerto. 20 Entonces descendió Pablo y se echó sobre él, y abrazándole, dijo: No os alarméis, pues está vivo
- Hech. 23:8, los saduceos dicen que no hay resurrección, ni ángel, ni espíritu; pero los fariseos afirman estas cosas
- Rom.1:9, a quien sirvo en mi espíritu
- Rom. 2:9, sobre todo ser humana (gr., alma del hombre)
- Rom. 7:22, según el hombre interior, me deleito en la ley de Dios
- Rom. 8:16, El Espíritu mismo da testimonio a nuestro espíritu
- Rom. 12:11, fervientes en espíritu
- 1 Cor. 2:11, ¿quién de los hombres sabe las cosas del hombre, sino el espíritu del hombre que está en él?
- 1 Cor. 5:3, ausente en cuerpo, pero presente en espíritu
- 1 Cor. 5:4, reunidos vosotros y mi espíritu (el cuerpo de Pablo no estaban con ellos)
- 1 Cor. 5:5, la carne, a fin de que el espíritu sea salvo en el día del Señor Jesús
- 1 Cor. 6:20, en vuestro cuerpo y en vuestro espíritu
- 1 Cor. 7:34, para ser santa así en cuerpo como en espíritu
- 1 Cor. 14:14, mi espíritu ora, pero mi entendimiento queda sin fruto
- 1 Cor. 14:32, los espíritus de los profetas están sujetos a los profetas
- 1 Cor. 16:18, confortaron mi espíritu

- 2 Cor. 1:23, invoco a Dios por testigo sobre mi alma
- 2 Cor. 2:13, no tuve reposo en mi espíritu
- 2 Cor. 4:16. nuestro hombre exterior se va desgastando, el interior no obstante se renueva
- 2 Cor. 5:1, si nuestra morada terrestre, este tabernáculo, se deshiciere, tenemos de Dios un edificio, una casa no hecha de manos, eterna, en los cielos (el pronombre "nuestra" distinto del sustantivo "tabernáculo," edificio, casa. Se trata del espíritu y su cuerpo). El haber una casa (dice el texto griego) o tabernáculo (tienda) implica un habitante adentro. En el cuerpo (la casa, tienda) está el espíritu o alma (nosotros, nuestra). El espíritu del salvo tendrá otra casa (cuerpo glorificado) en el cielo.
- 2 Cor. 5:8, más quisiéramos estar ausentes del cuerpo, y presentes al Señor (Véanse versículos 1-10)
- 2 Cor. 7:1, limpiémonos de toda contaminación de carne y de espíritu (¿Limpiar el aliento con pastillas de menta?)
- 2 Cor. 7:13, que haya sido confortado su espíritu
- 2 Cor. 12:3,4, conozco al tal hombre (si en el cuerpo, o fuera del cuerpo, no lo sé; Dios lo sabe), que fue arrebatado al paraíso, donde oyó palabras inefables que no le es dado al hombre expresar
- Gál. 6:18, la gracia de nuestro Señor Jesucristo sea con vuestro espíritu
- Efes. 3:16, el ser fortalecidos con poder en el hombre interior
- Fil. 1:23, teniendo deseo de partir y estar con Cristo, lo cual es muchísimo mejor
- Col. 2:5, aunque estoy ausente en cuerpo, no obstante en espíritu estoy con vosotros
- 1 Tes. 5:23, todo vuestro ser, espíritu, alma y cuerpo, sea guardado irreprensible
- 2 Tim. 4:22, El Señor Jesucristo esté con tu espíritu
- File. 25, La gracia de nuestro Señor Jesucristo sea con vuestro espíritu
- Heb. 12:9, tuvimos a nuestros padres terrenales que nos disciplinaban, y los venerábamos. ¿Por qué no obedeceremos mucho mejor al Padre de los espíritus, y viviremos?

- Heb. 12:23, a los espíritus de los justos hechos perfectos
- 1 Ped. 3:4, sino el interno, el del corazón, en el incorruptible ornato de un espíritu afable y apacible, que es de grande estima delante de Dios.
- 1 Ped. 4:6, juzgados en carne según los hombres, pero vivan en espíritu según Dios
- 1 Ped. 4:19, encomienden sus almas al fiel Creador
- 3 Jn. 2, que tengas salud, así como prospera tu alma
- Apoc. 6:9,10, vi bajo el altar las almas… clamaban a gran voz, diciendo
- Apoc. 11:11, entró en ellos el espíritu de vida enviado por Dios, y se levantaron sobre sus pies Apoc. 14:13, los muertos que mueren en el Señor. Sí, dice el Espíritu, descansarán de sus trabajos (no dormirán inconscientes)
- Apoc. 20:4, vi las almas de los decapitados… y vivieron y reinaron con Cristo mil años

D. Como el falso maestro define los términos alma y espíritu

1. Citaré primero algunas ideas de Al Maxey expresadas en su debate escrito en inglés con Thomas Thasher, y en seguida haré mis comentarios.

a. Al Maxey escribe:

"almas inmortales." "doctrina de almaísmo eterno." El alma, en sentido de espíritu, no es inmortal en que no esté sujeta a la muerte espiritual, que es separación de Dios. Claro es que puede ser separada por Dios de su presencia eterna (Mat. 25:41; 2 Tes. 1:9), pero ¡no por eso deja de existir! El espíritu (alma) es de Dios y vuelve a Dios (Ecle. 12:7). El alma, procedente de Dios y vuelto a Dios existe eternamente. El estado de su existencia eterna es otro tema. No es correcto referirse a "alma inmortal." El falso hermano me representa mal al atribuirme tal expresión. (Hay quienes emplean la expresión o frase queriendo manifestar que el alma no deja de existir, pero dado que el alma del inicuo será separada de la presencia del Señor (Isa. 59:2), no es correcto decir "alma inmortal." La palabra inmortal quiere decir que no puede morir; es decir, no puede ser separada de Dios, muerte espiritual. Pero cuando el hombre muere, su alma *no deja de existir*).

En cuanto a la frase "almaísmo eterno" con igual desdén se puede referir a la doctrina de él como "almaísmo aniquilado." Las etiquetas no son pruebas.

El falso maestro cita Ezequiel 18:4,20 que dice que "el alma que pecare, esa morirá" y sale con la conclusión de que el alma puede morir, que para él es dejar de existir. Es mortal, dice; no inmortal. Pero el pasaje referido emplea la palabra "alma" en el sentido de *persona* (véase el ver. 5, el hombre) y afirma que la persona que peca morirá, que es separación de Dios eternamente.

"ninguna parte del hombre sobrevive la física, y no hay ninguna área de detención" (para el alma; él niega la existencia del Hades —bhr). Es obvio que el hermano niega la existencia de un alma o espíritu en el hombre *aparte de su cuerpo*. Así es el caso con el Sr. Bacchiocchi, el hno. Edward Fudge y los demás nombres mencionados en mi Introducción. De hecho, el hno. Maxey cita a ellos para apoyo.

"Creo que el hombre (la cuestión tratada es *el alma*, no el hombre. El hno. Maxey escoge sus palabras con cuidado, como lo hace todo maestro falso. Su lenguaje preciso es vital para su argumentación—bhr) **no es inherentemente inmortal, así que Dios puede destruir tanto el cuerpo como el ser/alma en el lago de fuego y lo hará (Mateo 10:28). Es más; creo que es un RESULTADO que ultima e finalmente se logrará con respecto al destino del inicuo, no un proceso incesante que no llega a ninguna parte."** El sufrir eternamente en el infierno es el propósito de Dios para el inicuo, y no tiene el designo de "no llegar a ninguna parte." Tal lenguaje es del hermano. Jesús dijo "alma," no "ser/alma." El hno. Maxey no puede decir simplemente "alma"; tiene que añadir algo a la palabra porque ¡niega que el hombre tenga un alma aparte del cuerpo!

"...cuando una persona está MUERTA, entonces aquella persona (cuerpo y ser/alma) ha sido completamente separada de la VIDA. Por eso la muerte es una cesación de vida para la persona entera, no solamente para parte de ella." De nuevo vemos cómo el hno. Maxey tiene que emplear su frase creada, "ser/alma." De esta creación suya depende su conclusión errada. La doctrina del hno. Maxey tiene a la muerte de Jesús en la cruz como "cesación de vida para la persona entera, no solamente para parte de ella," pero en su muerte el alma de Jesús salió de su cuerpo (Mat. 27:50; Luc. 23:43,46;

Hech. 2:27,31) y su cuerpo fue sepultado (Luc. 23:53). En este caso, ¿qué de "la persona entera" de Jesús? Y en cuanto al malhechor ¿dijo Jesús "hoy estarás conmigo en el paraíso," ¿refiriéndose al cuerpo muerto de él o al espíritu de él? En Hech. 9:36-39 vemos que el cuerpo muerto de Tabita estuvo en la presencia de Pedro pero ella ¡ya no estuvo allí (ver. 39)! ¿Qué pasó con "la persona entera" de Tabita? ¡La doctrina de Maxey es falsa!

"La muerte física de veras es una separación de la persona entera (la animación del cuerpo físico). El hombre es una totalidad, no un ser inmortal atrapado dentro de uno mortal. Así cuando el hombre muere, el hombre está muerto…todo él." ¿Qué quiere decir el hno. Maxey con la frase "todo él"? ¿En qué consiste la "persona entera"? ¿Está diciendo que en la muerte el cuerpo y su aliento se separan del aliento? Tal confusión resulta de negar la existencia del alma aparte del cuerpo. Se notará que representa mal a su oponente, refiriéndose al alma con la frase "ser inmortal atrapado." El alma no deja de existir, pero si puede morir espiritualmente al ser *separada* de Dios eternamente en el infierno. La palabra "inmortal" significa imposibilidad de morir.

Además, es burla hablar del alma como "atrapada" en el cuerpo físico. El hombre vivo tiene en su cuerpo físico un espíritu que Dios le ha dado (Ecle. 12:7; Heb. 12:9) y no está nada atrapado, sino habita en el cuerpo, su tabernáculo, hasta que "vienen a pedirle tu alma" (Luc. 12:20).

"PENSAMIENTOS SOBRE HECHOS 2:27,31…. la promesa es simplemente que el Mesías no será DEJADO allí, ni experimentará él descomposición. Tomás ve alguna clase de "existencia" después de la muerte física aquí en este pasaje, y sugeriría a usted que es el *alma* lo que está VIVA en alguna región como Hades mientras que el *cuerpo* yace MUERTO. Así para Tomás, el estado de muerte (si definido como "pérdida de vida") solamente se aplica al *cuerpo* físico (que él declararía mortal) y no al *alma* (que él declararía inmortal, y así incapaz de jamás perder la vida misma." Hay mucha falsa representación en estas palabras del hno. Maxey. (1) El dice "el Mesías" pero el texto dice "mi alma." (2) No fue el Mesías sino "su carne" lo que no vio corrupción, Hech. 2:31. (3) El hno. Tomás Thrasher no sugiere nada, sino declara lo que el texto dice que es que el alma de Cristo no fue dejada en el Hades. (4) El hno. Tomás y otros no definimos la palabra "muerte" como "pérdida de vida" sino *separación*, sea del cuerpo y su espíritu o separación de Dios (espiritual o literalmente). El hno. Tomás define la muerte como Santiago lo hace en 2:26, "el cuerpo sin espíritu es muerto." Pero el hno. Maxey no está de acuerdo con Santiago. (5) No, el alma no es incapaz de perder la *vida* que es *unión* con Dios eternamente, pero vida y *existencia* son dos conceptos completamente distintos. El hno. Maxey a propósito confunde los dos. El alma en el infiero no tendrá vida, o unión, con Dios pero si seguirá existiendo en el castigo eterno. Es muy astuto el hno. Maxey al formular sus frases; así lo hace todo falso maestro para lograr engañar al lector. Crea su propio diccionario y consecuentemente emplea su lenguaje especial al hacer sus argumentos. Véanse Rom. 16:18; Col. 2:4,8.

"El *ISBE* (un diccionario bíblico—bhr) **también declara que el paralelismo empleado en esta presentación poética 'sugiere que se hace referencia a la *persona total*' … Así Hech. 2:27,31 ofrece poca ayuda para entender la vida después de ésta.** Con estas palabras el hno. Maxey admite que el pasaje no significa **en realdad** lo que él quiere que diga. "Sugerir" y "poca ayuda" ¡no es prueba bíblica! Nótese con cuidado lo que dice el hermano en seguida: **El punto de la profecía es que la muerte no Le pudo retener. Él se levantaría de los muertos.** Pero el texto dice específicamente que *ni su carne* vio *corrupción*. Él hno. Maxey quiere que el texto diga que *la persona entera* no vio corrupción. El texto distingue entre el alma y el cuerpo, diciendo **"no … ni,"** no la cosa ésta ni la otra. Son dos cosas, no una.

Es cierto que a veces la palabra "alma" se emplea para decir "persona" (por ejemplo, 1 Ped. 3:20, griego, almas), pero no en este pasaje. Significa el espíritu. El cuerpo de Jesús no estuvo en el Hades, ni su espíritu en el sepulcro. Hech. 2:27 significa que el alma estaba en un estado separado y que su cuerpo en el sepulcro no vio corrupción. En la resurrección su unieron de nuevo pero ahora en un cuerpo glorificado. La doctrina del hno. Maxey, del Sr. Bacchiocchi y otros de la misma persuasión niega esta gran verdad.

Eso de "paralelismo" (la segunda línea significando lo mismo que la primera), para afirmar que Hades es el sepulcro, no es cierto. El versículo es más bien un contraste entre el lugar donde una cosa no fue dejada y dónde tampoco la otra. Cuando Cristo murió en la cruz su espíritu dejó su cuerpo (Luc. 23:46), y su cuerpo sin espíritu (Sant. 2:26) fue sepultado en el sepulcro de José de Arimatea (ver. 53).

¿A dónde fue su espíritu? No al cielo ((Jn. 20:17). Fue al Hades, lugar en donde no fue dejado. Por ser para él un lugar de reposo (Luc. 16:25) Cristo lo llamó "paraíso" (Luc. 23:43). En la resurrección el espíritu se unió al cuerpo. Cristo profetizó que ÉL MISMO levantaría su cuerpo de la muerte (Jn. 2:19-21). Hay distinción entre el pronombre "yo" y su cuerpo. Considérese Jn. 10:17,18.

Los conceptos de "existencia consciente de alma" y de subsecuente vida en algún lugar de detención de Hades tienen que ser leídos *hacia* o *para* del pasaje pero no pueden ser deducidos *de* él." El hno. Maxey está bien equivocado en su aseveración; el pasaje habla del alma aparte del cuerpo como dos entidades separadas, pero él no acepta este pasaje claro porque destruye su conclusión arbitrara. El cambia la lectura del pasaje diciendo que se hace referencia **"a la *persona total*,"** pero el pasaje habla del cuerpo en un *sepulcro* (ver. 29) y el alma en el *Hades* (ver. 31).

"Si el hombre es totalmente mortal (y no tiene alma — bhr), **sin parte alguna que le sobreviva la muerte física, como yo creo que así enseñan las Escrituras, entonces la cuestión de un "Estado Intermediaria"** (el Hades—bhr) **¡viene a ser un pleito fingido! Por eso antes de debatir los detalles de tal región, se le aconseja a la persona determinar si hay alguna parte del hombre que la NECESITE."** Es obvio que el hno. Maxey no cree en el alma como entidad aparte del cuerpo físico ni tampoco en la existencia del Hades. Tal es la gravedad de esta doctrina errónea que está afectando nuestra hermandad, principalmente entre los hermanos liberales.

El hermano escribe: Las Escrituras **"no dicen que al hombre fue dada un alma, sino que llegó a ser un alma. ¡Gran diferencia!"** No, Gén. 2:7 dice que el hombre llegó a ser un alma viviente, no sencillamente un alma. Con decir simplemente "alma" el hermano quiere dejar la idea solamente de vida física en el cuerpo.

Si Dios puso en Adán sencillamente aliento (aire), y con eso le vivificó, ¿por qué no puede el hombre dar vida al muerto solamente por medio de echar aire en él? La respuesta está en el hecho de que lo que hizo Dios fue darle a Adán un espíritu (Heb. 12:9; Ecle. 12:7). Ahora con un espíritu Adán vino a ser un alma viviente.

¿Por qué no puede el hombre matar al alma (Mat. 10:28) si puede evitar que entre aliento en un cuerpo vivo? Es porque el hombre es más que cuerpo físico con aire en sus pulmones. Jesús dijo que puede hacer lo que el hombre no puede hacer; a saber, destruir el alma en un lugar particular que no es en la tierra sino en el infierno. El asunto trata más que sencillamente de respiración de vida sobre la tierra.

La cuestión no trata de lo que las Escrituras ¡"no dicen," sino de lo que revelan! Las Escrituras no emplean la frase exacta, "Iglesia de Cristo" (y de esto nos recuerden los bautistas a continuo) pero el hermano sabe que ellas revelan la iglesia que Cristo prometió edificar.

Tampoco revelan ni dicen que "el hombre fue hecho un cuerpo con aire (espíritu) en sí y que cuando el hombre muere el aire muere con el cuerpo y luego pronto los dos son aniquilados porque son una y la misma cosa." Por ejemplo, ¿dónde dicen las Escrituras esta frase exacta que el hermano escribe: "el hombre es totalmente mortal"?

"Aun nuestro debate sobre la naturaleza de 'muerte' en reali-dad es basada en nuestras vistas diferentes de la naturaleza del hombre. Si uno cree que el hombre es inherentemente inmortal (¡falsa representación! Estamos discutiendo el alma, no "el hombre" — bhr) **entonces la cesación de existencia no le es posible ni de lejos para su manera de pensar. Así, la naturaleza del castigo final, según esta teoría, tiene que consistir en alguna clase de sensible castigo eterno, sin fin. Para tales teóricos la muerte nunca puede ser considerada una** *terminación* **de vida, sino más bien una** *preservación* **y** *continuación* **de ella.** (Otra vez una falsa repre-sentación. La cuestión tiene que ver, no con vida sino con existencia — bhr). **Sin embargo, si el hombre por naturaleza es totalmente mortal, entonces la inmortalidad viene a ser un DON otorgado por el Dador de vida de gracia (como enseñan las Escrituras), y no algo ¡inherentemente nuestro que nunca puede sernos quitado!"** El hno. Maxey comienza con una premisa falsa (**el hombre por natu-raleza es totalmente mortal**) para que pueda llegar a su conclusión falsa. Ésta es la táctica común de todo falso maestro. El Papa de Roma puede afirmar que es infalible cuando habla *ex cathedra* (oficial-mente) y que por eso lo que dice oficialmente es la pura verdad, pero

¡no es infalible! Hay que tener mucho cuidado con las aseveraciones del que habla. Si el hombre es totalmente mortal, cuando murió Jesús en la cruz su cuerpo fue sepultado y el alma fue al Hades. ¿Dejó de existir por tres días? La doctrina del hermano Maxey afirma que la muerte de Jesús en la cruz fue la cesación de vida para la persona total, no solamente de una parte de ella. El hermano nos llama teóricos tradicionales, pero ¡él es el verdadero teórico!

El hno. Maxey cita a una enciclopedia que dice: **"Todos los hombres por naturaleza están muertos espiritualmente; a saber, por el pecado enajenados de Dios la Fuente de vida, insensibles a cosas divinas y sin responder a Sus leyes."** Pero Efes. 2:3 no dice "estáis muertos" sino "estabais muertos." Para cuando Pablo escribió a la iglesia en Éfeso ya no eran hijos de ira sino santos (1:1) con la esperanza de la vida eterna. Dios había dado vida espiritual a aquellos muertos espiritualmente. El hno. Maxey al citar tal obra se asocia con el calvinismo. El calvinista y muchos evangélicos citan Efes. 2:3 diciendo que los hombres "**están** muertos" (al entrar en la vida) pero el texto dice "**estabais** muertos" antes de que Dios les diera vida a ellos los santos de Éfeso. Maxey y los sectarios tuercen las Escrituras; a propósito cambian el texto sagrado.

Recuerdo al hno. Maxey que la cuestión que tratar no es si el alma (en sentido de vida en el cuerpo físico) sobrevive la muerte, sino si el espíritu la sobrevive para volver al Padre que lo dio al individuo.

b. "aliento/espíritu." El hno. Maxey emplea mucho la frase "aliento/espíritu" en lugar de alma o de espíritu. Tal frase no existe en las Escrituras. Es fabricada para sostener una posición insostenible. Él habla mucho acerca del "almaísmo" al mal representar a su oponente. Dado que el hno. Maxey admite que el hombre tiene personalidad, tiene que abogar por la idea del cuerpo con su "aliento/ espíritu/ personalidad" que para él sería el alma del hombre. Afirma que al morir el hombre, ya no tiene aliento en su cuerpo y que es nada más cuerpo destinado al polvo. El enseña que no hay alma que exista aparte. Para él el alma es vida física y al morir el hombre ya no tiene alma que exista en alguna parte sino que la pierde. (Es cierto que Job no era alumno del hno. Maxey porque escribió en Job 14:22, "Mas su carne *sobre él* se dolerá, Y se entristecerá *en él* su alma."

La "prueba" principal que estos falsos maestros presentan es Gén. 3:19, "Con el sudor de tu rostro comerás el pan hasta que vuelvas a la tierra, porque de ella fuiste tomado; pues polvo eres, y al polvo volverás." Quieren dejar la impresión de que al morir no queda más del hombre que el polvo, pero el pasaje no trata de *la identidad total del hombre*, sino de penas temporales que han de sufrir en la vida sobre la tierra a consecuencia de su pecado. Cuando el hombre muere físicamente, "el polvo vuelva a la tierra, como era, y el espíritu vuelva a Dios que lo dio," Ecle. 12:7. El hombre es más que cuerpo físico que vuelva al polvo. El espíritu que Dios sopló en la nariz del hombre físico no fue tomado del polvo; vino directamente de Dios (Heb. 12:9) quien es eterno (Sal. 90:2).

Luego suelen añadir **Ecle. 3:19**, "Porque lo que sucede a los hijos de los hombres, y lo que sucede a las bestias, un mismo suceso es: como mueren los unos, así mueren los otros, y una misma respiración tienen todos; ni tiene más el hombre que la bestia; porque todo es vanidad." De nuevo vemos que el falso maestro pervierte el pasaje al ignorar el contexto que en este caso es él de la vida "debajo del sol" (v. 16), que conviene al hombre alegrarse y hacer bien en su vida (v. 12 y 22) porque su fin en cuanto a la vida debajo del sol es igual que el del animal (v. 19). Dice el v. 22 que cuando el hombre muere, luego su espíritu tiene otro rumbo que el del animal. No le conviene al falso maestro citar esto. El falso maestro cita de la biblia solamente las frases que él tenga por convenientes a su doctrina. Salomón en este contexto no trata de la vida futura sino de que el hombre en el cuerpo en esta vida no es eterno. Cuando deja de respirar muere físicamente igual que el animal. El pasaje trata de la perspectiva del hombre sobre la tierra.

"estos elementos: cuerpo, aliento/espíritu, y el ser/alma. No obstante el punto importante que notar aquí es que un cuerpo físico animado es un cuerpo viviente. La persona es un ser viviente. 'Ser viviente' es lo que la persona es, no lo que tenga ella. Cuando se quita del hombre el aliento de vida, entonces lo que se queda ya no es más un cuerpo viviente, sino un cuerpo muerto." El hermano menciona, con *frases no bíblicas* ("aliento/espíritu" y "ser/alma"), tres elementos, pero en realidad no cree sino en dos: el cuerpo y el aliento que respira el hombre (que para él son el espíritu y el ser). El hombre vivo sí tiene aliento de vida en sí, porque respira, pero respira (está vivo) porque el espíritu (que sabe cosas, 1 Cor. 2:11; el aliento en el cuerpo ¡no sabe nada!), que Dios le ha dado (Heb. 12:9), está en él. Cuando el espíritu que Dios le dio sale del cuerpo, el cuerpo ya no respira y está muerto. Esto lo niega el hermano.

El espíritu del hombre difiere del que es del animal. Ecle. 3:21, "¿Quién sabe que el espíritu de los hijos de los hombres sube arriba, y que el espíritu del animal desciende abajo a la tierra?" El espíritu del animal no es eterno porque el animal, no hecho a la imagen de Dios, es una criatura solamente para la vida física, pero el del hombre, hecho a la imagen de Dios, y quien puede vivir eternamente en los cielos por la salvación sube arriba a Dios, Ecle. 12:7. Cuando el hombre muere, luego su espíritu tiene otro rumbo que el del animal.

2. Ahora presento algunas ideas del Sr. Bacchiocchi sobre "alma," "espíritu" "corazón" y "cuerpo," tomadas de un escrito suyo en inglés. (Es mía la traducción al español en los casos en que cito textualmente de lo que ha escrito).

a. Él afirma que los cuatro términos fundamentales de la naturaleza humana según el Antiguo Testamento son el alma, el cuerpo, el corazón y el espíritu. Al examinar los argumentos del Sr. Bacchiocchi veremos que los basa en su teoría que afirma que los factores determinantes en la naturaleza viviente son una suma irreducible (en inglés, holism; en español, "holismo" = un todo irreducible). Por medio de esta teoría él puede considerar el alma, el espíritu, y el cuerpo como una sola entidad inseparable. Cuando uno se va, todos se van. Nótese su presentación de esta teoría con sus palabras que siguen:

"Nuestra investigación indica (¿indicar es prueba *bíblica*? — bhr) **que todos estos términos describen no substancias totalmente diferentes, cada una con su función distinta, sino las capacidades y funciones interrelacionadas e integradas de la misma persona. El hecho de que la persona consiste en varias partes que están integradas, interrelacionadas y en función unidas no deja lugar a la idea de que el alma es distinta del cuerpo, y esto remueve la base por la creencia de que el alma sobrevive el cuerpo en la muerte."**

La investigación del Sr. Bacchiocchi no ha probado nada, solamente le ha *indicado* la conclusión a que desea llegar. ¿Cómo es que varias cosas distintas no pueden ser distintas solamente porque hay algo de relación y función relacionada entre ellas? Tal es el "ipse dixit" ("él mismo lo dice") de él. Es una aseveración escueta. Es como yo dijera: "soy Napoleón." ¿En realidad lo soy? No, pero esto ilustra que nada más lo afirmo. Para el Sr. Bacchiocchi el alma y el cuerpo son una sola masa, pero Hech. 2:27 distingue entre el alma y el cuerpo, diciendo "no dejarás mi alma en el Hades NI permitirás que tu Santo vea corrupción" (su cuerpo en el sepulcro). Cuando Jesús dijo al malhechor que "hoy estarás conmigo en el paraíso" ¿quiso dar a entender que hoy estarían los dos en un sepulcro como aquel en qué José de Arimatea sepultó el cuerpo de Jesús? ¿Dice Sant. 2:26 que "el cuerpo sin espíritu está muerto," o que las dos cosas por estar relacionadas están muertas? Santiago distingue entre el cuerpo y el espíritu, pero el Sr. Bacchiocchi confunde las dos cosas distintas.

El lector de este estudio mío debe guardar presente constantemente que toda la argumentación de estos falsos maestros se basa en esa teoría, o fundamento principal. ***Todas las conclusiones sacadas de los pasajes citados por ellos tornan en esa base.*** Comenzando mal, ellos terminan mal. No se desvían de su base errónea, el holismo, o teoría holística.

b. El afirma que en once pasajes del Antiguo Testamento en la muerte el espíritu sale o se separa. Pregunto: ¿En la muerte de qué sale el espíritu si el cuerpo y el espíritu son una sola masa o entidad? Si el caso es como dice el Sr. Bacchiocchi entonces no sale nada de nada; la persona sencillamente deja de existir. El considera a cuatro de éstos en detalle porque ve que los empleamos para probar que el espíritu en la muerte sale del cuerpo que habitaba y no perece con el cuerpo. Pero nos representa mal, diciendo que afirmamos que en la muerte el espíritu, dice él, "va a Dios, llevando consigo la personalidad y la conciencia del individuo quien murió."

El amigo nos representa mal para poder aparentar exponer nuestra creencia como falsa. Pero las Escrituras no enseñan que al morir el individuo su alma va a la misma presencia Dios en el cielo, sino al Hades, el lugar o estado que Dios ha preparado para el alma fuera del cuerpo (Luc. 16:22,23). El alma (la vida física según él) partida del cuerpo no "lleva consigo la personalidad y la conciencia del individuo," sino es la personalidad y la conciencia de él en cuyo cuerpo más antes habitaba.

c. El Sr. Bacchiocchi presenta Sal. 31:5 e intenta con el pasaje probar que al morir Jesús en la cruz lo que entregó al Padre **"no fue sino su vida física que él estuvo dejando en las manos de Su Padre para esperar su resurrección. Al dejarle el principio animador de Su vida, el Señor murió y se hundió en inconsciencia."**

¿Qué pasaje bíblico cita él para respaldar su aseveración? ¡Ninguno, porque no lo hay! Nada más sigue su teoría de que la suma no tiene partes individuales. Preguntamos: ¿Qué clase de *paraíso* fue ése de estado de inconsciencia o insensibilidad? ¿Resucitó Cristo una "vida física"? ¿Estuvo su cuerpo en el sepulcro de José de Arimatea o en el paraíso? ¿Encomendó su cuerpo juntamente con su alma al Padre? ¿Qué fue encomendado al sepulcro? Luc. 23:45 dice: "Jesús, clamando a gran voz, dijo: Padre, en tus manos encomiendo mi espíritu." ¿Quién encomendó su espíritu? ¿Encomendó el espíritu (su vida) la vida al Padre? ¿La vida encomendó la vida? La argumentación del señor es ridícula.

d. El Sr. Bacchiocchi cita Sal. 104:29,30 y concluye que lo que pasa al espíritu del animal es lo que también pasa en el caso del hombre cuando muere. Pero el amigo ignora el hecho de que el hombre fue creado a la imagen de Dios, pero no el animal. No hay promesa de resurrección extendida al animal. En este aspecto no hay comparación entre el hombre y el animal. Por supuesto nadie argumenta que el espíritu del animal **"en la muerte lleva conocimiento y personalidad."** Tal argumento es solamente uno de distracción, nada más.

La cuestión discutida no tiene que ver con la creación del hombre y del animal, pues Dios da a los dos un espíritu pero los dos espíritus no son iguales (Ecle. 3:21). Uno es hecho a la imagen de Dios; el otro, no.

e. El señor presenta a Job 24:14,15, y Ecle. 12:7 para aseverar que como en la creación la vida es representada por el enviar Dios su Espíritu, de igual manera la muerte es descrita como la retirada del Espíritu de Dios. Pero con conveniencia ignora el hecho de que sus dos pasajes citados tocan solamente el caso del hombre. No incluyen el caso del animal. Claro es que en la muerte física Dios requiere el alma del hombre (Luc. 12:20) y el espíritu deja el cuerpo (Sant. 2:26) y el cuerpo vuelve al polvo. Hay distinción hecha entre el espíritu y el cuerpo (1 Cor. 6:20). Los dos no vuelven al polvo. El cuerpo vuelve al polvo porque de allí fue formado (Gén. 3:19), pero el espíritu vuelve a Dios quien lo dio (Ecl. 12:7) y lo determina para la morada de los espíritus, que es el Hades. Son dos destinos distintos. Esto lo niegan el Sr. Bacchiocchi y otros.

f. El escribe mucho la frase "espíritu-ruach" (español – hebreo) y afirma que los "tradicionalistas" enseñan que en la muerte el "espíritu-ruach" es el alma que deja el cuerpo, llevando consigo conocimiento y personalidad. Cita a Sal. 146:4. Es una falsa representación. Yo no afirmo que "el aliento o Espíritu de Dios es identificado con el alma humana." ¡No son la misma cosa! Al contrario el hombre del Padre recibe su espíritu (Heb. 12:9); Dios es quien lo da (Ecle. 12:7). Es el espíritu en el hombre que le da alma (en el sentido de vida) sobre la tierra. El falso maestro expresa sus palabras de tal modo que con muestra de mucha confianza pueda decir que la Biblia no dice tal y tal cosa. Le preguntamos a él: ¿dónde dice la Biblia que "la persona… llega a ser un alma muerta"?

Con referencia a Sal. 146:4, el Sr. Bacchiocchi ignora el contexto por completo y juega con las palabras del texto a su manera. El salmista dice que va a alabar a Dios y no confiar en el hombre aunque fuera un príncipe porque todos sus hechos, planes y propósitos de cualquier hombre llegan a la nada en su muerte sobre la tierra. Cuando pasa la vida sobre la tierra terminan para el hombre los pensamientos y designios de su corazón (Job 17:11). Todos los planes y proyectos del hombre terminan el día de su muerte. Considérese Luc. 12:19,20. Hemos de depender de Dios y no del hombre que aunque sea una persona grande en la vida en su muerte todo lo suyo perece como lo de los demás. ¡Confiar en Dios y alabar a Él!

El pasaje no dice nada acerca de que cese de existir el alma del hombre, su espíritu, o que cesa de tener sus facultades de pensar. En Apoc. 6:9,10 vemos a almas razonando y hablando. Este pasaje destruye la falsa argumentación del maestro sectario.

En Hech. 17:16 vemos que Pablo en Atenas estaba vivo, esperando y viendo, pero aparte de estar en vida (alma) el texto dice que su **espíritu** se enardecía. ¡Algo dentro del cuerpo vivo de Pablo enardecía! Pablo estaba vivo antes de llegar a Atenas pero entonces su espíritu no enardecía. ¡Ahora, sí! Aunque la palabra "alma" puede referirse en dados casos a la vida física en cuerpo, el espíritu es algo aparte de ello.

Hech. 18:25 muestra que hay diferentes clases de espíritus según el individuo escoge ser; o sea, diferentes personas según escoge ser en espíritu. La vida física (digamos "alma") es una cosa, pues toda persona viva tiene alma (vida física), pero lo que sea en espíritu ¡es otra cosa! El espíritu tiene libre albedrío. Rom. 1:9 ilustra el mismo punto. Todo hombre vivo tiene alma (vida física) pero no todos sirven a Dios en su espíritu. Considérense también Rom. 12:11; 1 Cor. 5:3; 16:18; 2 Cor. 2:13; 7:13; Fil. 1:27; 4:23.

En 2 Cor. 12:2,3 Pablo admite la posibilidad de que fuera del cuerpo fue arrebatado hasta el tercer cielo. Fue arrebatado en espíritu para recibir cierta visión o revelación. Oyó palabras sin tener los oídos físicos dejados en el cuerpo físico en la tierra. El estado de consciencia existe fuera del cuerpo. No se puede negar con aprobación bíblica. Si una parte del hombre no puede existir fuera del cuerpo, Pablo nos mintió. Este pasaje prueba que puede haber separación del cuerpo y el espíritu con la existencia del conocimiento aun en la separación.

g. El sigue con su error de equivaler el alma (vida) del hombre a su espíritu afirmando que decimos que "el espíritu-dador de vida que vuelve a Dios continúa a existir como el alma inmaterial del cuerpo que ha muerto." Luego pasa a decir que el cuerpo y el alma son inseparables, el cuerpo siendo la forma exterior del alma, y el alma es la forma interior del cuerpo. Si el caso es como lo explica el Sr. Bacchiocchi entonces Cristo mintió al decir: "Y no temáis a los que matan el cuerpo, mas el alma no pueden matar" (Mat. 10:28) porque según el Sr. Bacchiocchi "el cuerpo es la forma exterior del alma, y el alma es la forma interior del cuerpo," "los dos son inseparables; y es "la muerte de la persona total." ¿No puede el hombre matar a otro hombre? Según el Sr. Bacchiocchi ¿no queda muerta la persona total, inclusive su espíritu? Entonces la conclusión inevitable es que el hombre sí puede matar al alma. Yo prefiero creer a Cristo. Es obvio que el hombre puede terminar la existencia corporal de otra persona, pero no puede matar o destruir su alma. Si el hombre fuera **enteramente mortal**, el alma y el cuerpo siendo inseparables según el falso maestro, Cristo no pudo haber dicho las palabras de Mat. 10:28.

h. El amigo se refiere a los que argumentan que en la muerte física el espíritu va a Dios, y que esto ignora que las Escrituras enseñan claramente que el Juicio Final va a ocurre no en la muerte sino en la venida del Señor en el fin del mundo.

Si al morir el cuerpo del hombre su espíritu vuelve a Dios (Ecle. 12:7; Luc. 23:46), entonces no murió juntamente con el cuerpo que ocupaba en la vida y es algo separado del cuerpo y que todavía existió por un tiempo o existe.

La posición del Sr. Bacchiocchi, de que en la muerte el hombre "duerme," demanda que el alma sea una entidad aparte del cuerpo que sigue en existencia, aunque dormida. ¿No es una persona dormida siempre persona tanto como lo es en las horas de despierto? El alma no es mortal (en que no está sujeta a la muerte física, Mat. 10:28)). El cuerpo muerto se descompone pronto (Jn. 11:39). Si el alma es nada más la vida en el cuerpo, al morir la persona su cuerpo se descompone pronto y no hay alma porque ya no hay vida (en la persona).

No argumento que las almas de los hombres que mueren ahora van a la presencia de Dios antes del Juicio Final. ¡Van al Hades! (Luc. 23:43 más Hech. 2:27; Luc. 16:22,23). El Sr. Bacchiocchi puede estar representando bien a algunos de sus oponentes, pero a mí no me representa bien.

i. La palabra "inmortal" es muy clave en los argumentos de Sr. Bacchiocchi. El dice que la Biblia nunca sugiere que el aliento de vida hace que el poseedor sea inmortal. Yo no me expreso así como él lo describe.

Todo hombre que nace posee el aliento de vida que es el espíritu que Dios le da. Claro es que el hombre no es inmortal; sí puede morir física y espiritualmente, pero su espíritu no deja de existir. El falso maestro escoge sus palabras con cuidado. Por eso el Sr. Bacchiocchi dice "poseedor" y no "el hombre que lo posee" porque para él el "poseedor" es la suma de cuerpo, alma, espíritu y corazón.

j. El Señor cuidadosamente escoge sus palabras al afirmar que en los centenares de veces en el Antiguo Testamento acerca del uso de "ruachespíritu" no hay ni una sola sugerencia de que tal frase se refiera a la existencia del espíritu aparte del cuerpo. El sabe que en Gén. 35:18 y 1 Reyes 17:21,22 se emplea el vocablo "alma" y no "espíritu" pero ignora que a veces los dos términos se emplean intercambiablemente (Job 7:11). En Luc. 8:55 vemos que el **espíritu** de la muchacha existía por un tiempo fuera de su cuerpo físico. Según Cristo en Luc. 24:39 un espíritu existe sin que tenga carne ni huesos. En Hech. 7:59 vemos que en el momento de morir, Esteban pidió al Señor que recibiera su espíritu para existencia fuera del cuerpo.

k. Este falso maestro se vale de Gén. 6:17 y 7:21,22 para afirmar que la Biblia habla de la muerte de los que poseen el aliento de vida. Pero "los que poseen" y lo que se posee son dos cosas distintas, y no la misma cosa. Los pasajes se refieren a la muerte física *de los hombres y los animales* en el tiempo del gran diluvio. "Murió toda carne," no el espíritu dentro del hombre (Zac. 12:1) y del animal (Ecle. 3:21).

l. Tales textos como los dos que él cita arriba para él hacen evidente que el poseer un espíritu no significa tener un alma inmortal. Al señor pregunto: ¿Quién o qué *posee?* ¿Quién o qué *tiene?* Según la doctrina errónea de él el cuerpo, la persona, la personalidad, el alma y el espíritu todo son una sola entidad con partes inseparables o irreducibles. Si algo posee otra cosa o la tiene, lo consiguió, o lo obtuvo. ¡El cuerpo y el espíritu no son la misma cosa (Sant. 2:26)! ¿Son la fe y las obras la misma cosa?

De nuevo recuerdo a mis lectores que no afirmo que el alma, en el sentido de *vida física*, sea inmortal. Claro es que puede morir; es decir, ser separada del cuerpo cuando el espíritu de la persona sale del cuerpo. Ya no tiene alma (vida física). El espíritu del hombre tampoco es inmortal, porque puede ser separado de Dios eternamente (Mat. 25:41). Pero el espíritu del hombre no deja de existir solamente porque es separado de la presencia eterna de Dios (Mat. 10:28; 25:46. Tal espíritu sufrirá ruina (destrucción) pero no aniquilación.

El Sr. Bacchiocchi y los demás que están de acuerdo con él suelen hablar de que la Biblia no dice tal y cual cosa en tal y cual expresión de palabras. Vamos a aplicarle a él la misma regla que proporciona a mí y a otros más, preguntándole ¿dónde en la Biblia aparece la palabra "aniquilación"? o la frase "Iglesia Adventista Del Séptimo Día"?

m. El amigo cita a Ecle. 3:19, confundiendo los términos alma (vida física) y espíritu, para ilustrar su afirmación de que el espíritu que vuelve a Dios en la muerte es solamente la vida física (alma) que imparte tanto al animal como al hombre.

No se puede negar que Dios da algo a alguien; en este caso a los animales y a los hombres en la carne (los cuerpos físicos). Esto implica la existencia de dos cosas distintas. El maestro equivocado se basa siempre en su teoría de "holismo" que afirma que la suma consiste de componentes irreducibles o inseparables, dejando un solo ser, no un ser con partes. Ecle. 3:19 trata de la separación del espíritu del cuerpo en la muerte física tanto del hombre como del animal. Es el espíritu en el hombre y otro diferente en el animal que da respiración a ellos. Cuando esa respiración termina, es que el espíritu ha partido del cuerpo, y el cuerpo muere.

n. Se equivoca el señor al citar Ecle. 3:21 y Gén. 7:15,22 para afirmar que los animales poseen el mismo "espíritu-ruach" de vida que los seres humanos. Ningún pasaje dice que el espíritu del hombre y el del animal ¡es "el mismo"! Gén. 7:22 dice que los dos tienen "aliento de espíritu de vida en sus narices." Los dos en la vida física sobre la tierra tienen en sus narices aliento. Se llama de espíritu de vida porque al dar Dios un espíritu al hombre, y uno diferente al animal, comienzan a vivir y en vida respiran. Cuando sale el espíritu del cuerpo, la persona o el animal muere, dejando de respirar aire. Pero Dios no hizo iguales al hombre y el animal. ¿Hay un evangelio para el animal? ¿Morirá en sus pecados? (Jn. 8:24). El falso maestro los trata como iguales.

o. El Sr. Bacchiocchi afirma que no hay indicación en la Biblia que "el espíritu de vida dado al hombre en la creación fuera una entidad consciente antes de ser dado." Concluye que por eso se le da razón para creer que antes de ser dado el espíritu de vida no tiene ninguna personalidad consciente cuando vuelva a Dios. Para él el espíritu del hombre y del animal es solamente para la duración de su existencia terrestre, dice. Pero el espíritu que Dios da a todo hombre al nacer no tiene que haber existido antes de ser formado y dado (Zac. 12:1). El espíritu que Dios da es de su propia creación para la ocasión. El forma el espíritu (Zac. 12:1). Él es el padre (origen, fuente) de los espíritus (Heb. 12:9; Núm. 16:22). El espíritu que da Dios en turno da vida física al hombre. Compárese Apoc. 11:11. El espíritu da vida (Jn. 6:63).

La afirmación del señor ignora la evidencia abundante de los muchos pasajes que he dado en mi introducción que muestra claramente que el espíritu que Dios da a cada cuerpo nacido (Heb. 12:9; Zac. 12:1) se distingue del cuerpo físico. Su afirmación es un mero "ipse dixit." Por eso ¡se le "da razón para creer" la conclusión que menciona! El autor a través de su artículo sigue sacando sus conclusiones basadas exclusivamente en la teoría falsa de "holismo."

El autor repetidamente se refiere al "espíritu *de vida*" (énfasis mío —bhr) para sugerir a la mente del lector que el espíritu que Dios da a cada persona y animal que nace es nada más la existencia de vida física en la tierra, y que por eso cuando ya no vive físicamente es que ya no tiene "espíritu de vida"; o sea, vida física. Para él el espíritu es nada más vida física que muere con el cuerpo muerto. Pero la frase "espíritu de vida" indica que el espíritu que viene de Dios el Padre es lo que da vida física al hombre y al animal. No es meramente la vida misma en sí. Compárese Rom. 8:2, "Porque la ley del ***Espíritu de vida*** en Cristo Jesús me ha librado de la ley del pecado y de la muerte." El Espíritu Santo tiene una ley que **da vida** (espiritual) al que es librado del pecado. El Espíritu Santo no es simplemente **vida**, ni física ni espiritual. Es una persona en la Deidad; es Dios. El falso maestro escoge sus palabras con cuidado. Se interesa más en el sonido que en la sustancia.

p. El autor concluye su examen bíblico (Antiguo Testamento) sobre los términos "alma, cuerpo, corazón, y espíritu" afirmando que no representan entidades diferentes con sus propias funciones, sino diferentes funciones interrelacionadas e integradas dentro del mismo organismo. El dice que "no hay contraste entre el cuerpo y el alma como estos términos nos puedan sugerir."

Eso de "el mismo organismo" es el lenguaje del holista. El holismo es el mismo fundamento del pensar y abogacía de este maestro falso. Dice que no hay contraste entre el cuerpo y el alma. Bueno, es cierto que no hay contraste entre el cuerpo con vida (alma) y el alma (vida) en el cuerpo, pero el término "alma" se emplea en las Escrituras también para indicar el espíritu que Dios da a todo hombre (Job 7:11; Mat. 10:28) y el cuerpo sin el espíritu está muerto (San. 2:26). El autor no suele afirmar el caso en estas palabras: "no hay contraste entre el cuerpo y el espíritu" que Dios da a toda persona que nace. ¡El cuerpo no es espíritu! El espíritu entra en el cuerpo (Zac. 12:1; Luc. 8:55) y sale de él (Gén. 25:17).

El hombre no puede matar al alma (Mat. 10:28), dice Jesús, pero sí puede matar la vida del hombre. Esto pasa continuamente en el mundo, pero el hombre no puede matar al alma en el sentido de espíritu. En la muerte del cuerpo sale el espíritu y vuelve a Dios quien lo guarda en el Hades hasta el Día de la resurrección y del Juicio Final. La teoría holística es pura falsedad.

Lo que el autor ha hallado en su examen está bien equivocado. No es cuestión sencillamente de "diferentes funciones que están interrelacionadas e integradas dentro del mismo organismo." Tal afirmaciones es solamente un "ipse dixit" del autor, reflejando la teoría del holismo. El cuerpo es tomado del polvo y en la muerte al polvo vuelve (Gén. 3:19). (No es un "organismo" combinado con alma, espíritu y corazón. Con razón el autor no cita pasaje alguno para respaldar su aseveración). Los términos "alma" y "espíritu" a veces se emplean en las Escrituras intercambiablemente, y a veces el término "alma" apunta a la vida de la persona en la tierra mientras que el término "espíritu" significa la fuerza de vitalidad que procede del Padre cuando una persona nace.

Afirmar que "el Antiguo Testamento ve la naturaleza humana como una unidad, no como una dicotomía" es ignorar los pasajes que claramente muestran que al morir el cuerpo físico sale el espíritu y regresa a Dios quien lo dio (Gén. 35:18; 1 Reyes 17:21,22; Zac. 12:1; Heb. 12:9; Sant. 2:26). El inspirado Santiago no tenía al alma siempre "integrada dentro del organismo" (el cuerpo) sino "sin" (griego, choris = separado, ausente, aparte de) el cuerpo, según define la palabra griega el Sr. Thayer, el reconocido lexicógrafo. El "holismo" del Sr. Bacchiocchi no puede ver el espíritu como una entidad existente fuera del cuerpo muerto. ¿No son dos entidades separadas y diferentes la fe y las obras ("sin," choris, Sant. 2:18)? ¿No son dos cosas distintas la ley y el pecado, Rom. 7:8, "sin (griego, choris, "sin") la ley el pecado está muerto," o son dos cosas "interrelacionadas e integradas" en una unidad irreducible (según el "holismo")? ¿Qué dice Heb. 11:6 donde de nuevo se ve la palabra griega, choris (sin)? Si la fe se halla *aparte* de la persona viva, ¿puede agradar a Dios? Heb, 12:14 dice que si la santidad, que puede ser obrada por el espíritu en un cuerpo vivo, está ausente (griego, choris) entonces tal persona no verá a Dios. El espíritu en el cuerpo vivo lo controla y dirige en diferentes maneras porque no es solamente una parte tan integrada en el cuerpo viviente que con el cuerpo muera cuando éste muere.

El autor equivocado afirma que "no hay contraste entre el cuerpo y el alma." Yo prefiero creer a Santiago y Pablo. La una cosa puede hallarse ausente de la otra. "El cuerpo sin espíritu está muerto," no el cuerpo y el espíritu juntos están muertos.

Si la teoría de "holismo" es correcta, entonces no tiene sentido lo que dice el apóstol Pedro en 1 Ped. 3:3,4, al contrastar el adorno exterior para el cuerpo y el interior para el corazón o espíritu. Para el "holista" no hay dos partes distintas y separadas, el hombre exterior (cuerpo) y el interior (alma o espíritu) sino que las dos son partes inseparables e irreducibles, que mueren juntamente las dos al mismo tiempo por ser una unidad y así pasan.

q. El autor habla de que el cuerpo y el aliento divino juntamente hacen el alma-nephesh vital y activa, y que la sangre es la sede del alma, vista como la manifestación tangible de la vitalidad de vida.

Pero el término "alma," como ya hemos visto, a veces se emplea intercambiablemente con el término "espíritu" y para apuntar a la vida física de la persona en la tierra. No es inmortal, porque eso significa no poder morir o ser separado. Sí, se separa del cuerpo físico en la muerte (Sant. 2:26) y será separada eternamente de Dios en el Juicio Final si él la rechaza. Pero sí sobrevive la muerte física (Apoc. 6:9; 20:4; 1 Ped. 1:9; 4:19).

Para el Sr. Bacchiocchi el cuerpo y el alma son una sola cosa y cuando viene la muerte las dos mueren. Santiago no dice (Sant. 2:26) que el cuerpo juntamente con el alma mueren, sino que el cuerpo muere cuando el alma o espíritu se halla aparte de él. Cristo dijo que el cuerpo y el alma son dos cosas completamente separadas, tanto que el hombre puede matar al cuerpo pero no al alma (Mat. 10:28).

r. El autor quiere que entendamos que el término "alma" incluye el sentido, las pasiones, la voluntad y la personalidad del individuo, y que también se emplea para indicar una persona, el hombre mismo. Cita a Gén. 12:5; 46:27. Entonces el concluye que la muerte afecta el alma-nephesh tanto como al cuerpo."

Nótese que él emplea la palabra "afecta." ¡Claro que sí, pero ¿qué es el efecto? Es que el alma, o espíritu, se parte del cuerpo físico que vuelve al polvo mientras que el alma vuelve a Dios. ¡Ése es el efecto!

Para el autor el efecto es que los dos, el cuerpo y el espíritu, o alma, ¡mueren juntamente como una unidad según el holismo!

El principio de la vida es el *espíritu*, según el Sr. Thayer, el lexicógrafo, y no el alma. Y según él es el espíritu (pneuma) lo que tiene sentido, pasiones, voluntad y personalidad.

En cuanto al alma (psuche), sí es cierto que se emplea a veces en las Escrituras en el sentido de personas (gente viva). Pero el término "espíritu" no se emplea así. El hombre (vivo) tiene espíritu; no es espíritu. El espíritu sobrevive el cuerpo que muere, y el cristiano fiel está asociado con él aunque ya no posee cuerpo físico (Heb. 12:23). Ya descansa fuera del cuerpo que antes habitaba (Apoc. 6:9-11; Luc. 16:25). El "holismo" del falso profeta le deja en el error.

Repito: claro es que la muerte afecta el alma en sentido de *vida en el cuerpo* porque al morir el cuerpo el *espíritu* ahora se halla ausente del cuerpo, dice Santiago (2:26). Santiago no dice que la vida (alma) sin el alma está muerta. No dice que el cuerpo vivo (que según el Sr. Bacchiocchi es alma viviente) sin el alma está muerto (juntamente con el alma porque ya no es vida). El pasaje dice que el cuerpo sin el espíritu está muerto.

s. El Sr. Bacchiocchi cita Sal. 33:6 (pero no el ver. 9) y 104:29,30, para argumentar que el espíritu de Dios es su aliento manifestado en crear, pero según el Sr. Thayer el vocablo "espíritu" se emplea en dos sentidos (aire, espíritu), dependiendo del contexto. En el Salmo 33:6 se dice que "Por la **palabra** de Jehová fueron hechos los cielos, y todo el ejército de ellos por el **aliento** de su boca." Aquí el aliento (pneuma, espíritu) de Dios es lenguaje figurado para indicar la Palabra de Dios, porque de la boca salen palabras (como sale el aliento o hálito). Dios no tiene espíritu, como el hombre vivo sí tiene; Dios es espíritu (Jn. 4:24); no tiene un espíritu. Sal. 33:6 no dice que Dios es espíritu, sino que empleó su espíritu, o palabra, para crear el universo. ¿Por qué no citó el autor el ver. 9, "porque él **dijo** y fue hecho; El **mandó**, y existió." La referencia en este contexto no tiene que ver con viento o aire, sino con el mandamiento hablado en palabra. El autor ignora el contexto por completo.

En texto Sal. 104:29,30, en los dos versículos aparece el vocablo "pneuma," espíritu (Ver. Septuaginta), y no aliento en el 29 y espíritu en el 30. Es el espíritu lo que Dios quita y envía. El autor ve juegos de palabras en los textos y los aplica a su manera, limitándose siempre a su teoría falsa de holismo para interpretar.

t. A nuestro amigo le gusta afirmar que el "aliento-ruach del hombre" viene del "aliento-ruach de Dios" y cita Isa. 42:5 y Job 27:3 para probarlo, pero los dos pasajes no se expresan así. Tal es la conclusión de él y no la declaración de los textos. Los pasajes emplean dos palabras distintas (griego, **pnoe** y **pneuma**) usadas en lenguaje paralelo para mostrar que Dios creó al hombre en la tierra. Véase el contexto.

Es cierto que el espíritu que tiene el hombre vivo vino de Dios Padre (Heb. 12:9). Pero cuando el hombre muere, su espíritu no muere con él, sino vuelve a Dios quien la dio (Ecle. 12:7). El espíritu que Dios da a toda persona que nace nunca deja de existir; no muere con el cuerpo físico que habita. Hech. 9:39 con respecto a la muerte de Dorcas dice: "mostrando las túnicas y los vestidos que Dorcas hacía cuando estaba con ellas." Su cuerpo muerto estuvo presente en la presencia de las viudas y otras personas, pero **ella ya no estaba con ellas** porque toda persona es más que un cuerpo que respira. Tiene un hombre interior tanto que un exterior (2 Cor. 4:16). No son "una suma irreducible o inseparable" porque uno se va desgastando y el otro renovándose. Es falsa la teoría "holística" juntamente con todas las conclusiones basadas en ella.

u. Otro error del autor al quedarse dentro de la falsa teoría holística es afirmar que al alma del hombre se difiere del espíritu en el hombre en que el alma se refiere a la persona en relación con otros seres humanos y su espíritu en relación con Dios. Pero se nota que no cita ningún pasaje para apoyar su afirmación. Es su "ipse dixit," nada más. Para él el alma o espíritu de uno muere con la muerte del cuerpo.

El tiene al alma y el espíritu como una sola cosa que en sentido figurado se expande a referirse a la renovación y las disposiciones morales interiores. Pero el Sr. Thayer dice que **al espíritu** se aplican las actividades mencionadas por el Sr. Bacchiocchi y no al alma. El Sr. Bacchiocchi las aplica a los dos. Tampoco es bíblica la diferencia entre el alma y el espíritu con referencia a los dos objetos de las referidas actividades que él formula, pues dice Cristo en Mar. 12:29-34 que hay que amar a los dos, a Dios y al prójimo, con todo el hombre interior.

El segundo mandamiento es como el primero, dice Jesús. Se notará que el Sr. Bacchiocchi en su cita no habla del alma como distinta al espíritu, sino como sinónimos (pero con diferencia solamente de objetos de sus acciones). Repito: no cita pasaje bíblico para respaldar su reclamo, y el falso maestro emplea mucho el "ipse dixit."

v. Él niega que el cuerpo tenga funciones corporales exclusivamente biológicos e independientes de las funciones sicológicas del alma (que para él es igual al espíritu. Él no distingue entre alma y espíritu como lo hace el Sr. Thayer. El siempre emplea los dos términos a su manera para manipular la mente del su lector).

El cuerpo físico es animado y funciona porque el espíritu está en él y le da órdenes. Pero también hay en el cuerpo vivo acciones involuntarias; es decir, que funcionan automáticamente y sin impulsos del espíritu o mente en él (El cuerpo tiene el sistema de nervios simpáticos; o sea, los nervios activan ciertas funciones físicas sin que la mente las mande directamente. Es el sistema de nervios que controlan los procesos involuntarios de las glándulas, las musculas del corazón, los vasos sanguíneos, etc.). Por ejemplo, dormido el cuerpo siempre sigue respirando sin que la mente le dirija a respirar. La digestión sigue sin que la mente mande al estómago a hacerlo. En Deut. 23:13 manda que el hombre cubra con una estaca el excremento que involuntariamente sale de él; es una función involuntaria del cuerpo físico. El corazón bombea la sangre día y noche, y sin parar, y sin que la mente le dé órdenes de hacerlo. No son "funciones sicológicas."

w. La teoría holística obliga al Sr. Bacchiocchi a decirnos que "no hay distinción entre órganos físicos y espirituales," que funciones humanas como el pensar y amar, etc., se atribuyen de igual manera al corazón, a los riñones y a las vísceras (órganos espirituales, según él). Él niega que el espíritu que Dios da a cada persona se pueda distinguir del cuerpo, sino deja de existir cuando el cuerpo muere. Para él todo es una suma con partes irreducibles. Eso es el holismo.

El falso maestro escoge sus palabras con cuidado, sabiendo que las Escrituras no hablan de "órganos espirituales." Ahora es cierto que las Escrituras hablan de *funciones* que *figuradamente* llevan a cabo ciertos órganos físicos (como el corazón o los riñones), pero esto no significa que haya dos clases de órganos en el hombre, una de físicos y otra de espirituales. Los únicos órganos que tiene el hombre son corporales o físicos, y éstos funcionan al ser mandados por el espíritu que está en el hombre o en algunos casos funcionan involuntariamente. Ahora la parte del hombre que sabe es "el espíritu del hombre *que está en él*," 1 Cor. 2:11. Es el espíritu que Dios ha dado a todo hombre (Zac. 12:1; Heb. 12:9) lo que capacita al hombre a sentir, pensar, saber, amar, guardar los mandamientos de Dios, alabar y orar. Ningún órgano físico solo ama o sabe. Es el espíritu que está en el hombre lo que hace esto.

x. El Sr. Bacchiocchi admite que sigue la teoría holística, diciendo: **"Los órganos corporales realizan funciones físicos. De esto el corazón piensa, los riñones regocijan, el hígado se aflige, y los intestinos sienten simpatía. Esto es posible a causa de la vista holística de la naturaleza humana donde una parte de la persona a veces puede representar al organismo entero."**

Sí, es cierto; los órganos corporales realizan funciones **físicos**, ¡pero nada más! No piensan, no se regocijan, no se afligen, no sienten simpatía. Tales funciones son del espíritu o mente que está en el hombre. Lo que habla del "organismo entero" no son las sagradas Escrituras, sino solamente "la vista holística." Tal teoría tiene al hombre como una suma con partes irreducibles o inseparables del cuerpo, y en la muerte no solamente muere el cuerpo sino sus "partes" con él, pues se dice que es "un organismo entero." Si se admite que una parte, el "aliento de vida," vuelve a Dios, entonces hay una parte que sobrevive la muerte del cuerpo físico. El falso maestro quiere a la vez las dos afirmaciones contradictorias.

Los antiguos pensaban equivocadamente que los riñones y los intestinos fueran la sede de ciertas emociones en la mente del hombre. Pero en realidad estos órganos físicos no son sedes de emociones. Ni el corazón que bombea sangre es tal sede. Tales expresiones tienen que ser entendidas de manera figurada. El falso maestro las literaliza.

y. El amigo se refiere a dos pasajes, Gén. 35:18 y 1 Reyes 17:21,22 y niega que "legítimamente" puedan ser usados para afirmar que en la muerte el alma (en el sentido de espíritu) deja el cuerpo para volver al cuerpo resucitado en el día de la resurrección.

El autor dice que no "legítimamente" pero *escrituralmente* sí pueden ser usados para afirmar que el alma parte del cuerpo cuando la persona muere. Dice el pasaje, Gén. 35:18, literalmente: "En el (acto o proceso de) soltarse o desbandarse su alma, porque estaba muriendo… ." El texto *no dice* que el soltarse del alma fue la muerte misma. El falso maestro mal representa los hechos del caso. El texto dice que ella estaba muriendo y que hizo cierta cosa (dio un nombre a su hijo recién nacido), y que esto sucedió en el acto de soltarse su alma.

La frase: "En el soltarse su alma" no indica nada de aniquilación sino un cambio de lugar, presuponiendo la existencia continua del espíritu. No se soltó el cuerpo, sino el espíritu, probando que el cuerpo y el espíritu son distintos. En la muerte el espíritu del hombre se suelta del cuerpo, dejando el cuerpo para la sepultura en tierra. El espíritu va a la morada de los espíritus sin cuerpo, que en el Nuevo Testamento se llama Hades. No muere el alma (espíritu) con el cuerpo sino existe sin él.

Vamos a Luc. 8:55. El espíritu de la muchacha muerta **"volvió"** a ella. Estaba fuera del cuerpo en alguna parte de donde volvió. Existía aparte del cuerpo; no era un componente del "organismo entero," según el Sr. Bacchiocchi. Jesús con la voz clamó, diciendo: "Muchacha, levántate" y ella se levantó, su espíritu volviendo a ella de donde estaba. No hubo nada de soplar aire al cadáver; hubo un mandamiento de la voz de Jesús y el espíritu de la muchacha volvió. El cuerpo y el espíritu no son dos entidades inseparables e irreducibles. La teoría holística es falsa.

En cuanto al segundo pasaje referido por el Sr. Bacchiocchi, 1 Reyes 17:21,22, el texto dice que el alma del niño "volvió a él" (vino entrando en él), dando a entender que había salido de él, dejándole muerto. Existía esta alma, o espíritu, fuera del niño, evidenciando que el espíritu no deja de existir al morir el cuerpo.

La palabra "alma" puede significar la vida en el cuerpo, pero según el Sr. Thayer, el lexicógrafo, también puede entenderse como sinónima con la palabra "espíritu." Dado el escrito de Santiago en 2:26, diciendo que "el cuerpo sin espíritu está muerto," hemos de entender que aquí en 1 Reyes 17:21,22 la palabra "alma" es usada como sinónima con la palabra "espíritu." Véase Luc. 8:55 comentado arriba, texto que presenta la misma prueba.

z. El señor afirma hallar que la partida del alma es una metáfora por la muerte, indicando que es solamente un caso de dejar de respirar, pero lo halla por su "ipse dixit," no por las Escrituras. Lo asevera pero no lo prueba. La partida del espíritu no es una metáfora, sino una realidad y la muerte física es el **resultado** de dicha partida. Tampoco es la vuelta del espíritu al cuerpo muerto una metáfora como él lo afirma. Lo que **resultó** de tal hecho milagroso registrado en 1 Reyes 17:22 fue la restauración de vida en la persona. El falso maestro confunde el proceso con el resultado porque su doctrina de "holismo" le obliga a negar que el espíritu del individuo pueda seguir existiendo fuera del cuerpo que habitaba en la vida física. El texto dice que el alma *volvió a él*, y no que simplemente el niño ya estaba vivo. No hay nada de metáfora en este evento literal.

aa. El Sr. Bacchiocchi escoge sus palabras con cuidado al decir que "Lo que es verdad concerniente al alma también es verdad concerniente a la vida o al espíritu que en la muerte vuelve a Dios" porque cuando le conviene emplea el término "alma" como lo mismo que "espíritu" y el espíritu como simplemente la vida física en un cuerpo físico. Luego pasa a afirmar que dicha alma no es inmortal, sino simplemente el principio animador de vida que Dios imparte a ambos hombre y animal para la duración de su existencia en la tierra.

Sant. 5:20 habla de salvar un alma de muerte, significando salvar a una *persona* de la muerte espiritual (Efes. 2:1,5) que es separación espiritual de Dios. En este sentido el alma (persona) no es inmortal porque puede morir espiritualmente. Pero dice Jesús en Mateo 10:28 que el alma (espíritu) del hombre no puede ser muerta por el hombre, pero Dios sí puede separarla de su presencia eternamente (25:41). El espíritu, pues, no es inmortal, porque puede ser separado de Dios (muerte espiritual, Ezeq. 18:30-32; Isa. 59:2; Jn. 8:24).

Si el hombre puede matar al cuerpo, pero no al alma que es el espíritu, obviamente el alma no muere con el cuerpo cuando la persona deja de vivir. Los dos no son aniquilados juntamente. Es cierto que Dios imparte un espíritu a ambos hombres y animales, pero solamente el hombre es hecho semejante a Dios (Gén. 1:26). Los dos tienen cuerpo físico, pero no espíritus idénticos (Ecle. 3:21). Esto el falso maestro a propósito ignora. Aparte de esto agrega que el espíritu es solamente "para la duración de esta existencia terrestre" pero Apoc. 6:9-11 desmiente tal aseveración. Además los cristianos vivos están asociados con los espíritus de fieles ahora fuera de sus cuerpos (Heb.

12:23) porque esos espíritus todavía existen. No hay asociación con lo no existente.

Gén. 35:29 dice: "Y exhaló Isaac el espíritu, y murió, y fue recogido a su pueblo, viejo y lleno de días; y lo sepultaron Esaú y Jacob sus hijos." Así vemos que el cuerpo de Isaac fue sepultado por sus hijos pero también Isaac fue recogido a su pueblo, frase que no puede referirse exclusivamente a la muerte. El espíritu del muerto es recogido a su pueblo, no sepultado juntamente con el cadáver.

Considérense estos pasajes: Gén. 25:8,17; 35:29; 49:33; Núm. 20:24,26; Deut. 32:50. Se emplean estas frases casi idénticas: "fue recogido a su pueblo" "fue unido a su pueblo" "fue reunido con sus padres" "reunido a su pueblo." Estas expresiones no se prestan para indicar sencillamente muerte. Se aplican al espíritu del hombre mientras que "sepultura" se aplica al cuerpo de él. Se dicen dos cosas con referencia a Isaac: (1) murió y (2) y fue recogido a su pueblo. El Sr. Bacchiocchi por medio de una metáfora no ve sino una sola cosa, un cadáver que ahora no respira. ¿Qué tiene que ver "ser reunido a su pueblo" con una sepultura de un cuerpo muerto?

bb. El Sr. Bacchiocchi cita el testimonio de cierto erudito, autor de una disertación doctoral sobre la palabra "seol" en el Antiguo Testamento. Pero la verdad de Dios no es establecida por citar a eruditos universitarios. De los tales hombres se puede "probar" cualquier doctrina. El falso maestro depende mucho de citas de hombres no inspirados, pero ¿qué dicen Rom. 4:3; 1 Ped. 4:11? La verdad es establecida por lo que dicen las Escrituras, no la sabiduría humana por muy impresionante que sea.

El erudito citado con su expresión "la vista hebrea de la unidad sicosomática del hombre," ("sicosomática" significa que el espíritu y el cuerpo del hombre *una cosa es*, no dos), presenta nada más su "ipse dixit." Y al decir que su vista hebrea de la unidad sicosomática del hombre deja "poco lugar" para creer de otra manera no me impresiona como una declaración firme y cierta. Si cree su propia doctrina, debe decir que "no hay ningún lugar."

El Sr. Bacchiocchi nada más cita a otros que como él creen la teoría holística. Testimonios de hombres no es prueba bíblica.

cc. Nótese la siguiente cita de lo que afirma el erudito que el Sr. Bacchiocchi cita y la manera cuidadosa en que el erudito se expresa:

"O la persona entera vivía o la persona entera se bajó a la muerte, la forma más débil de vida. No había ninguna existencia para el ruach [espíritu] o para el nephesh [alma] aparte del cuerpo. Con la muerte del cuerpo, el ruach [espíritu] impersonal 'volvió a Dios que lo dio' (Ecle. 12:7) y el nephesh [alma] fue destruida, aunque estuvo presente en un sentido muy débil en los huesos y la sangre. Cuando éstos fueron sepultados o tapados, la poca vitalidad que quedaba fue anulada."

Si es cierto lo que dice este erudito de altas credenciales, el hombre sí puede matar al alma porque puede matar al hombre y así con la muerte del hombre el alma queda anulada o invalidada, pero Jesús dice que el hombre no lo puede hacer (Mat. 10:28). Para estos falsos maestros el alma no existe después de la muerte física. Pero dice Cristo que después de la muerte física él puede echar el alma al infierno (Luc. 12:4,5).

Admiten ellos que el espíritu vuelve a Dios y en esa admisión no pueden negar que el espíritu existe fuera del cuerpo físico.

dd. El amigo Bacchiocchi termina su discurso afirmando una verdad; a saber, que **la vista holística del Antiguo Testamento de la naturaleza humana excluye la distinción entre el cuerpo y el alma como dos completamente diferentes esferas de la realidad. Además, quita la base por la creencia en la supervivencia del alma en la muerte del cuerpo.** Sí, es lo que hace "la vista holística del Antiguo Testamento." Pero toda su argumentación es nada más una promoción de la teoría falsa del holismo.

Ni el Antiguo Testamento ni el Nuevo proponen la llamada "vista holística." La ofrecida conclusión del Sr. Bacchiocchi es tan errónea que la teoría en que se basa, pues con decir "alma" tiene en mente solamente la vida física, y no como sinónimo con la palabra "espíritu." El alma solamente *como vida física* desde luego no supervive la muerte física. Pero el espíritu de todo hombre, dado por Dios eterno, no deja de existir con la muerte del cuerpo físico, sino que vuelve a Dios que lo guarda en la morada de los espíritus sin cuerpo. Esta morada se llama "Hades" en el Nuevo Testamento (Hech. 2:27,31; Luc. 16:23; Apoc. 1:18). Apoc. 20:13, "la muerte y el Hades entregaron los muertos que había en ellos; y fueron juzgados cada uno según sus obras." Para el Juicio Final los cuerpos de la muerte y los espíritus del Hades serán reunidos para ser juzgados todos los vivos en el tiempo, y los vivos del tiempo de la segunda venida de Cristo, según sus obras en la vida sobre la tierra.

II. MUERTE, ETERNO, HADES, INFIERNO
A. Definir correctamente la palabra "muerte"

Debido al error enseñado sobre este tema que tratamos es necesario plantear bien lo que las Escrituras enseñan respecto a la muerte. El término "muerte" (griego, *thanatos*) no significa no existente o no consciente; significa *separación*. Las Escrituras hablan de dos clases de muerte, una separación física y una espiritual. Notemos algunos ejemplos:

1. Gén. 35:18, "Y aconteció que al salírsele el alma (pues murió)." Se soltó el alma del cuerpo; fue muerte física.

2. 1 Tim. 5:6, "Pero la que se entrega a los placeres, viviendo está muerta." Esto no significa un cadáver ambulante en forma de cuerpo físico, sino que uno vivo en este mundo está separado de Dios espiritualmente a causa de sus pecados. Si la muerte es extinción, esta mujer viva por estar muerta ya no existía.

Si la muerte es extinción, ¿cómo puede la viuda joven estar muerta mientras vive? Respuesta correcta: vive físicamente pero en lo espiritual está separada por sus pecados de la comunión con Dios. El espíritu del hombre vivo está en él pero al mismo tiempo puede estar muerto en que está la persona separada de Dios en sus pecados. Compárese Apoc. 3:1.

3. Col. 2:13: "estando muertos en pecados" espiritualmente.

4. Efes. 2:1: "Y él os dio vida a vosotros, cuando estabais muertos en vuestros delitos y pecados." Esto se dirige a quienes estaban muertos espiritualmente (separados de Dios a causa de sus pecados), pero que luego fueron perdonados por Dios y esto les dio vida (que significa *unión*) espiritual y llegaron a ser santos (1:1). Los no salvos están muertos espiritualmente pero no inconscientes o sin existencia. No están aniquilados. Compárese Apoc. 3:1.

5. Luc. 15:24, "este mi hijo muerto era, y ha revivido; se había perdido, y es hallado." Jesús habla de un hijo que se separó (muerte) de la comunión con su padre, y luego volvió (hecho vivo de nuevo) a esa comunión, ya unido de nuevo con su padre.

6. Mat. 26:38, "Mi alma está muy triste, hasta la muerte; quedaos aquí, y velad conmigo." Jesús no dijo que su alma iba a morir y dormirse, sino que se entristecía su alma porque la crucifixión (muerte, separación física del alma o espíritu del cuerpo) estuvo a la mano.

7. Sant. 5:20, "sepa que el que haga volver al pecador del error de su camino, salvará de muerte un alma, y cubrirá multitud de pecados." El alma pecadora que es restaurada (por el perdón de sus pecados) se salva de la separación de Dios por toda la eternidad.

Las Escrituras no enseñan que la muerte sea una cesación de existencia (aniquilación) sino una separación de lo que existe de otra entidad, sea del cuerpo físico o de Dios.

8. Ocurre la muerte cuando el espíritu se suelta o se separa del cuerpo físico. Sant. 2:26, "Porque como el cuerpo sin espíritu está muerto, así también la fe sin obras está muerta." ¿Es tan simple Santiago que quiera decir que el cuerpo sin vida está muerto? ¿o que el cuerpo sin respiración está muerto? El espíritu que Dios da a todo hombre vivo en la tierra (Heb. 12:9) es más que simple aire. Cuando Cristo murió en la cruz no encomendó al Padre sencillamente respiración o aire (Lucas 23:46, "Entonces Jesús, clamando a gran voz, dijo: Padre, en tus manos encomiendo mi espíritu. Y habiendo dicho esto, expiró"). Gén. 35:18 explica que la muerte ocurre cuando el alma se suelta del cuerpo ("Y aconteció que al salírsele el alma (pues murió), llamó su nombre Benoni; mas su padre lo llamó Benjamín").

9. En figura la muerte siempre significa "separación," no extinción o aniquilación. Rom. 7:4, "Así también vosotros, hermanos míos, habéis muerto a la ley" pero no habían dejado de existir, sino que iban sirviendo a Dios separados o aparte de la ley de Moisés. Rom. 6:2,11, Ellos estaban "muertos al pecado" porque se habían separado de él para no vivir en él. El cristiano no ha de pecar (1 Jn. 2:1). Lo que nos separa de Dios es el pecado (Isa. 59:2, "vuestras iniquidades han hecho división entre vosotros y vuestro Dios, y vuestros pecados han hecho ocultar de vosotros su rostro para no oír").

10. La segunda muerte (Apoc. 20:14) es una separación eterna de la presencia de Dios (2 Tes. 1:9). Es ser apartado o separado el pecador no salvo "al fuego eterno," dice Cristo, Mat. 25:41. La palabra clave del "holismo," la aniquilación, no aparece en las Sagradas Es-

crituras. Es una invención del hombre que busca disminuir la gravedad del castigo que Dios ha determinado para el pecado (Rom. 6:23). Es muerte, separación, y no extinción o aniquilación, y esto de duración eterna.

11. Citemos a W. E. Vine en su obra Diccionario Expositivo de Palabras del Nuevo Testamento: "La muerte, lo opuesto a la vida, nunca significa inexistencia… la separación del alma (la parte espiritual del hombre) del cuerpo (la parte material)."

B. Como el falso maestro define el término "muerte." (Al citar yo a Maxey, Bacchiocchi, y otros, escribiendo ellos en inglés, la traducción en español siempre es mía—bhr)

1. El Sr. Al Maxey escribe: **"Todos los hombres por naturaleza están espiritualmente muertos, esto es, enajenados de Dios la Fuente de vida por el pecado, insensibles a cosas divinas, desinteresados hacia sus leyes… Jesús dijo a la iglesia en Sardis (que) 'tienes nombre de que vives y estás muerto' (Apoc. 3:1). Ellos se habían separado de una relación con su Señor y un servicio a él, y eso es verdaderamente una experiencia de 'muerte', una pérdida de vida."**

El falso maestro siempre cita mal al pasaje Efes. 2:3 que dice "estábamos," *no "estamos."* Es calvinismo cambiar así el pasaje; es pervertir las Escrituras (2 Ped. 3:16). Es una ilustración de astucia que el autor cambie el tiempo de verbo en Efes. 2:1. (Es una táctica común de los calvinistas y de los neocalvinistas de entre mis hermanos en Cristo). Pablo no habla de una supuesta naturaleza humana mala con que nazca el hombre, sino del estado espiritual de los efesios *antes* ("en otro tiempo," ver. 3) de tener el perdón de sus pecados y llegar a ser cristianos.

El hno. Maxey escribe **"Thayer, en su léxico, describe esta 'muerte' como 'la pérdida de una vida consagrada a Dios y bendecida en El en la tierra' (pág. 283). Es una PERDIDA del propósito y enfoco de la vida; de veras es una PÉRDIDA de relación con el Dador mismo de la vida. Es verdaderamente una 'muerte', una cesación de unión con El."**

El hermano no dio toda la cita de las palabras de Thayer; no terminó la cita. Thayer sigue diciendo "para ser seguida (la muerte—

bhr) de miseria en el mundo de abajo." ¿Por qué no citó el hermano a Thayer quien también escribe: "esa separación del alma del cuerpo"… "con la idea de miseria futura en el estado más allá… el estado miserable de los inicuos en el infierno"? Maxey citó la parte conveniente y dejó la parte que no acepta. Cita y omite a su gusto.

"¿Qué es la naturaleza de esta segunda muerte? ¿Es solamente una continuación de vida? ¿Es una vida de perdición como contrastada con una pérdida de vida? ¿Es una terminación de vida o una perpetuación de vida?"

Estas preguntas son ridículas. ¿Quién afirma que la segunda muerte sea algo de vida? Él dice: "Yo declaro que creo que la vista bíblica es que la segunda muerte es la terminación de la vida misma."

El hermano ya ha definido la muerte como una *separación* pero no se queda con su definición. Ahora es la terminación de la **vida** misma.

El lector atento, cuidadoso y analítico notará que el hermano a veces cambia de "separación" a "pérdida de vida." La muerte sí es separación pero no *la pérdida de alma* que según el hermano es nada más la pérdida de vida física. El es muy astuto en su manera de expresarse, pero seguirá la exposición del sofisma de él y de otros a continuar este estudio.

"Sí, yo creo que la 'muerte' es SEPARACIÓN. Pero el resultado—el efecto— de tal separación no es una vida elevada; ¡es una vida perdida! Sea caso físico, espiritual o eternal, la Biblia describe la "muerte" como una separación de uno de la vida misma, no una preservación o continuación de la vida. Es la PÉRDIDA de vida, y en la recordación final ¡es una pérdida eterna!"

La VIDA y la SEPARACIÓN ¡no son la misma cosa! El alma puede existir sin tener vida o unión con Dios. Mat. 25:41 habla de separación de Dios pero eso ¡no significa aniquilación!

Se notará también la astucia del autor al emplear la palabra "perder" o "perdición" en el sentido arbitrario de ¡aniquilación!

También se observa fácilmente que él emplea la palabra alma exclusivamente en el sentido de vida física en la persona y no como sinónimo de espíritu. Nadie argumenta que en la muerte el espíritu del cristiano es "una vida elevada." Tal es el "hombre de paja" que el autor erige para luego fácilmente destruirlo. No puede representar correctamente a su oponente y siempre mantener su posición como defendible o justificable.

2. El Sr. Bacchiocchi escribe: **"Los Adventistas Del Séptimo Día creen que la muerte es un sueño en que 'los muertos nada saben' (Ecle. 9:5). Esta posición mantiene que la persona no tiene forma consciente hasta la resurrección, o sea en la segunda venida de Jesús (en el caso de los justos) o después del milenio de Apocalipsis 20 (en el casos de los inicuos). A causa de posición, los Adventistas Del Séptimo Día no creen que el infierno existe actualmente y además creen que los inicuos serán destruidos en el fin del tiempo."**

El infierno *actualmente* no existe, sino solamente el Hades. El infierno es el lugar de castigo eterno después del Juicio Final (Apoc. 20:10-15). El autor confunde los dos casos.

Para refutar el error de la cita arriba basta citar las palabras de Cristo en Mat. 10:28, "Y no temáis a los que matan el cuerpo, mas el alma no pueden matar; temed más bien a aquel que puede destruir el alma y el cuerpo en el infierno." El alma es una entidad aparte del cuerpo que el hombre no puede matar (aunque al cuerpo sí lo puede matar). La muerte física no toca al alma, pues sigue existiendo aun después de partirse del cuerpo físico. Notaremos en seguida otros textos pertinentes que se quedan sin sentido si la muerte física trae al alma (al espíritu del hombre) una condición de completa inconsciencia o pérdida de conocimiento.

Si la muerte es un "sueño," dejando al muerto sin "forma consciente hasta la resurrección," entonces queda sin sentido lo que registran con inspiración de Dios Luc. 16:24; 23:43,46; Hech. 7:59; Fil. 1:23; y Apoc. 6:9; a saber, un muerto clamando por misericordia, estar el muerto en el Paraíso, Jesús encomendó su espíritu a Dios pero su cuerpo muerto fue sepultado en un sepulcro, al morir dice Esteban al Señor: "recibe mi espíritu" (no su cuerpo), que es mejor estar con Cristo que estar vivo, y almas de muertos hablando. Tales pasajes desmienten la posición Adventista.

Al citar el autor Ecle. 9:5, diciendo "los muertos nada saben," al igual que el hno. Maxey cita solamente una parte conveniente para él, según el juego de palabras que busque, para llegar a su conclusión de **sueño en la muerte**. El texto ¡no dice nada de sueño! ni de la condición progresiva de la persona después de haber muerto. Habla en contraste entre el vivo y el muerto en cuanto a cosas de "debajo del sol" (ver. 3); los vivos saben (entre otras cosas debajo del sol) que van a morir, pero los muertos "no saben nada, ni tienen más paga" con referencia a cosas de debajo del sol (o sea, de la vida actual sobre la tierra). El contexto de este libro, que a menudo dice "debajo del sol," no trata de la condición o naturaleza continua del muerto en su muerte. Ningún falso maestro es justo con las Escrituras.

Observemos bien las palabras de Jn. 11:11-14: "Lázaro nuestro amigo duerme; mas voy a despertarle del sueño. 12 Le dijeron entonces sus discípulos: Señor, si duerme, salvo estará. 13 Mas esto decía Jesús de la muerte de él; y ellos pensaron que hablaba del sueño de dormir. 14 Entonces, pues, Jesús les dijo claramente: Lázaro ha muerto." Jesús al decir que Lázaro duerme se refiere a su cuerpo, porque luego lo levanta de los muertos (versículos 43,44).

¿Cómo puede dormir lo que no existe o está aniquilado? Cuando el hombre duerme, ¿no está vivo todavía? El aniquilacionista tiene durmiendo al no existente.

Lucas 23:43 dice, "Entonces Jesús le dijo: De cierto te digo, que hoy estarás conmigo en el paraíso." La promesa fue de felicidad consciente. Vemos la misma verdad en Fil. 1:23, "Porque de ambas cosas estoy puesto en estrecho, teniendo deseo de partir y estar con Cristo, lo cual es muchísimo mejor." Lo que dice Pablo queda sin sentido si la muerte significa un estado de dormido y sin conocimiento. Al contrario la muerte para Pablo fue una cosa mejor que la vida física por estar él con Cristo, no dormido. Uno está en conocimiento en la vida física, como también en la muerte, pero estando en conocimiento con Cristo es mejor.

La palabra "muerte" nunca significa ausencia de existencia. La muerte espiritual es tanta separación sensible de Dios como es la vida espiritual comunión sensible con Dios.

C. Como el falso maestro define el término "eterno" (griego, aionios)

1. Al Maxey escribe: "Es igualmente esencial, al interpretar pasajes bíblicos en que se emplea "aionios" (griego = eterno, bhr), entender la distinción vital entre un *proceso* y un *resultado* y

percibir a qué el término esté siendo aplicado. Por ejemplo en Mat. 25:46 Jesús habla acerca de algunos que irán al 'castigo eterno'. Es crítico que se determine si se hace referencia al CASTIGAR (proceso) eterno o al CASTIGO (resultado) eterno. Si 'eterno' en este pasaje tiene una aplicación cuantitativa (y yo creo que sí la tiene, como también una cualitativa), entonces uno tiene que procurar determinar lo que exactamente permanezca "sin fin." ¿Es ello el castigar o el castigo resultante? En una ejecución, por ejemplo, cuando una persona es puesta en la cámara de gas, el proceso de morir será ciertamente desagradable; ¡será tormento! No obstante este proceso de castigar trae el resultado deseado que es la muerte. El castigo prescrito es la MUERTE, no el MORIR. Este último es el proceso que trae el resultado, y aunque es verdaderamente un factor en el castigo general, en ninguna manera constituye el castigo mismo. Así que cuando uno es sentenciado a la muerte, el castigo es muerte, no el morir; es el resultado, no el proceso."

Según esta afirmación (falsa), los sustantivos "vida," "redención," y "salvación" no son "sustantivos de acción," pero el sustantivo "castigo" sí lo es y por eso, según su regla lo que es eterno no es el "proceso" de estar siendo castigado, sino el "resultado" de haber sido castigado. Afirman que ese *resultado*, involucrando la aniquilación, dura para siempre, pues es eterno, pero el proceso de estar siendo castigado no es lo que sea eterno. ¡Qué conveniente!

El hermano dice que **"Si 'eterno' en este pasaje tiene una aplicación cuantitativa (y yo creo que sí la tiene, como también una cualitativa), entonces uno tiene que procurar determinar lo que exactamente permanezca 'sin fin.'"** Pregunto yo: ¿Y cómo determina cuál de las dos aplicaciones debe hacerse en todo caso? No nos dice. Nada más pasa a mal representar el pasaje cambiando el texto que dice "castigo eterno" a "castigo resultante," de castigo a castigar. El espera que no descubramos su astucia. Le respondemos a su pregunta: **"¿Es ello el castigar o el castigo resultante?"** Jesús no dice ni "el castigar" ni "el castigo resultante." Dice, "al castigo eterno." De igual manera tampoco dice "el hacer vivir" o "la vida resultante." Dice al castigo eterno y a la vida eterna.

Apoc. 20:10, "el diablo que los engañaba fue lanzado en el lago de fuego y azufre, donde estaban la bestia y el falso profeta; y *serán atormentados* día y noche por los siglos de los siglos." No se habla del "efecto" del castigo sino de la acción de atormentar.

Desafiamos al hno. Maxey a que aplique tal razonamiento a la vida eterna de Mat. 25:46. ¿Es el vivir eternamente o la vida eterna (como si hubiera una diferencia)? ¿Vivirán los justos para siempre o solamente por un tiempo corto con el resultado para siempre? Si el castigo termina, ¿terminará la vida? ¿Qué es el resultado de la "vida eterna" y cómo se difiere del estado del "castigar eterno" con referencia a lo que concierna a estado? Mat.25:46 no dice "al castigar eterno" porque lo que se está diciendo es a qué (a un *sustantivo*, como en el caso de "vida" que es sustantivo, la cosa a que irán los justos) irán los injustos. Si uno de los casos es resultado así también es el otro. Los dos durarán igual tiempo; a saber, eternamente. ¿Irán los justos viviendo para siempre? Si es así, los inicuos irán sufriendo castigo para siempre. Hay tanta "acción" en el sustantivo VIDA que en el sustantivo CASTIGO. Jesús nos dice que el castigo eterno va a durar igual tiempo que la vida eterna. Ni el uno o el otro va a durar un tiempo limitado para después haber aniquilación. En cambio, si lo eterno del uno ha de terminar en aniquilación, de igual manera así pasará al otro.

Su ejemplo paralelo ¡no es paralelo! El criminal ejecutado no fue "sentenciado" a castigo eterno, sino a la muerte física y por eso fue muerto, nada más. El inicuo no es sentenciado por Dios simplemente a muerte de aniquilación sino a castigo eterno.

AM dice: **"Es importante entender que el texto declara que es el castigo (resultado) lo que perdura, no el castigar (proceso). El morir es el proceso; la muerte es el resultado. Es el segundo lo que es eterno."** Aparte de notar que AM cambia de términos de castigo a muerte, también notemos que si el castigo no es el castigar, entonces tampoco es la vida el vivir. Que AM nos diga qué es el "proceso" de la vida. Empleando el lenguaje de él tenemos esto: "El texto declara que es la vida (resultado) que es eterna, no el vivir (proceso)." ¿Puede haber vida sin el vivir?

Lo que sufre el hombre ejecutado en la cámara de gas no sufre "¡tormento!" Al contrario el gas no imparte nada de dolor, sino por la asfixia producida el reo pierde la consciencia rápidamente, la cabeza cae de lado y se produce la muerte. Al decir "tormento" el autor está "pintando su caso" (o sea, exagerando para causar efecto). No nos impresiona.

¿Cómo determinan estos falsos maestros en un dado caso cuál de sus dos interpretaciones del vocablo "eterno" se debe aplicar? ¿Qué razón o base es dada por ellos para un dado caso? No basta que argumenten por dos interpretaciones distintas sin darnos la base de su decisión en un dado caso. Ellos sencillamente declaran el argumento y nos dicen que en Mat. 25:46 nosotros interpretamos mal la palabra "eterno," no en cuanto a la vida, pero sí en cuanto al castigo. Pero el contexto siempre determina todo caso del empleo bíblico del vocablo "eterno." En cuanto a Mat. 25:46 la razón demanda que él se emplee de igual manera en cuanto a los dos sustantivos, vida y castigo. ¡Cómo este pasaje molesta al seguidor de la teoría del holismo!

El redimido estará continuando constantemente en el estado o condición de redimido o salvado, y de igual manera el inicuo estará constantemente en el estado o condición de castigo. La redención eterna es una redención que dura para siempre. La salvación eterna es una salvación que dura para siempre. El castigo eterno es un castigo que dura para siempre.

Con respecto a "sustantivos de acción," ¿quién determina si un dado sustantivo es uno de acción, o no lo es? La redención no redime; no es acción. Dios es quien redime. La salvación no salva; no es acción. Dios es quien salva. El castigo no castiga; no es acción. Dios es quien castiga.

En realidad el sustantivo no acciona. Es un nombre. Puede ser el nombre de una acción, como redimiendo, salvando y castigando. Pero ningún sustantivo (nombre) es "nombre *de* acción." La acción no es hecha por el sustantivo, sino por un agente. La redención no redime, la salvación no salva, y el castigo no castiga. En estos casos bíblicos es Dios quien redime, salva y castiga. Las palabras *de* acción, o sea las que expresan acción, son verbos, no sustantivos. El falso maestro ha fabricado su propia regla.

Lo que los señores Maxey, Bacchiocchi, y otros necesitan son pasajes que digan: "el resultado eterno de la redención, el resultado eterno de la salvación, el resultado eterno del castigo." Necesitan que Mat. 25:46 diga: "e irán estos al estado eterno de castigo (después de haber sido limitadamente castigados para luego ser aniquilados)."

No existe tal cosa como "nombre de acción." Los sustantivos, nombres, ¡no son verbos! Dios es quien redime, salva y castiga, eternamente. La Iglesia Adventista Del Séptimo Día no cree en el "castigo eterno" de Mat. 25:46, sino en un breve castigo seguido inmediatamente de la aniquilación.

El juicio (condenación) no juzga; Dios juzga (Gén. 18:25). El "juicio eterno" (Heb. 6:2) es la condenación de Dios que nunca terminará. Si fuera una breve condenación, seguida de una aniquilación inmediata, no sería llamada un juicio eterno.

La gloria no glorifica; Dios lo hace. Pero lo hace eternamente, y no brevemente para luego desistir de todo glorificar por medio de aniquilar a los que brevemente hubiera glorificado. Por eso tal gloria se llama "gloria eterna" (2 Tim. 2:10).

Un edificio no edifica, construye. Dios construye el edificio de 2 Cor. 5:1. Ahora, después del Juicio Final, ¿estarán los redimidos y salvos eternamente en un edificio (cuerpo espiritual) hecho por Dios dado que será una casa eterna? El sustantivo "tabernáculo, (edificio, casa)" no es menos "sustantivo de acción" que "castigo." Si "castigo" es "sustantivo de acción," también lo es "edificio. Compárese Heb. 3:4.

El sustantivo "imperio" (poder) no es "sustantivo de acción." ¿Se dirá que el imperio sempiterno (poder eterno) de Dios es un resultado que será aniquilado. ¿Eso se cree?

El Sr. Thayer, el reconocido lexicógrafo, no dice nada acerca de "sustantivos de acción" pero sí define la palabra griega, aionios, en uno de sus sentidos así: "sin fin, incesante, interminable" y ilustra este sentido con estos pasajes: Luc. 16:9; 2 Cor. 4:17,18; 2 Tes, 2:16; 2 Tim. 2:10; Heb. 9:12,15; 1 Ped. 5:10; 2 Ped. 1:11. El Sr. Thrasher nota que el vocablo griego se traduce "eterno" en los siguientes pasajes:

- Mat. 18:8 — "fuego eterno"
- Mat. 25:41 — "fuego eterno"
- Mat. 25:46 — "castigo eterno"
- Mar. 3:29 — "juicio eterno"; ASV, pecado eterno 2 Tes 1:9 — "eterna perdición"
- Judas 7 — "fuego eterno"

El propósito no propone, pero Dios lo hace. Lleva a cabo sus propósitos eternos y no lo hace brevemente para luego aniquilarlos u obliterarlos. Por eso el evangelio es llamado el "propósito eterno" (Efes. 3:11). El evangelio contiene un mensaje eterno (Apoc. 14:6). Filemón recibe a Onésimo para siempre (v. 15) porque compartirá con él la vida eterna en el cielo.

En cuanto a Mat. 25:46, la vida eterna y el castigo eterno, ¿por qué no es el sustantivo "vida" "sustantivo de acción" como se declara que "castigo" lo es? La vida es activa al estar viviendo uno constantemente. Solamente cuando termina la vida hay inactividad. Por eso, según el argumento del falso maestro aplicado a Mat. 25:46, y dado que la vida es dada solamente una sola vez y no continuamente, es eterna solamente en el sentido de estado o condición.

Se protesta que en el caso del castigo de Mat. 25:46 el llamado sustantivo de acción, castigo, se refiere a un proceso y que es el *resultado* de él que es eterno, pero que en el caso de la vida de Mat. 25:46 no hay proceso sino solamente un don de Dios dada una sola vez a los salvos y ese don singular es eterno. Pues sí, Dios da ese don pero también da la redención, la salvación, la separación (Mat. 25:41) y el castigo. Todo esto procede de Dios. Ahora, si la separación y el castigo no continúan eternamente, tampoco lo hace la vida.

Jesús declara que hay dos cosas eternas, sin indicación alguna de diferentes sentidos de significado con respecto al mismo adjetivo, "eterno." Los falsos maestros fabrican una diferencia artificial. Sin ayuda de parte de hombres no inspirados el lector del pasaje nunca vería la supuesta diferencia en la declaración inspirada.

Obviamente, después de la aniquilación de alguna cosa ya no hay nada de ello; por lo tanto ¿por qué desde el principio llamarla eterna? Jesús dice "castigo eterno" pero la Iglesia Adventista Del Séptimo Día dice "castigo breve seguido de aniquilación con resultado eterno." Dicha iglesia tiene a Jesús diciendo "vida eterna" que sigue para siempre, y finalmente la aniquilación que sigue para siempre. Ella trata el pasaje de Mat. 25:46 de manera que sostenga su falsa doctrina.

El fuego literal que conocemos en esta vida sobre la tierra no queda encendido para siempre, pero el fuego que Dios preparará para la eternidad sí se encenderá para siempre. Dios crea para sus propósitos lo que para ellos conviene. El humo que conocemos los hombres en esta vida no asciende para siempre, pero él que tiene Dios para los malos sí ascenderá eternamente porque será por un fuego que nunca se apagará.

Aquí inserto de mi obra INTERROGANTES Y RESPUESTAS (ver mi sitio web, billhreeves.com) el Interrogantes # 1516
1516. ¿ES LA TIERRA SIN FIN?

"Sal. 104:5 dice que la tierra 'no será jamás removida'. ¿No tendrían razón los Testigos de Jehová al decir que la tierra es sin fin?"

—

1. Como es el caso con todo falso maestro, los Testigos de Jehová ignoran contextos y usos correctos de palabras. Sal. 104:5 emplea la frase "no será jamás removida" y 46:2 la frase "aunque la tierra sea removida." Isa. 24:20 emplea la frase "Temblará la tierra como un ebrio, y será removida..." Nótense también Isa. 13:13, "la tierra se moverá de su lugar," Sal. 46:2, "aunque la tierra sea removida." Pero estas frases son parte de ciertos contextos y no han de ser entendidas y aplicadas fuera de ellos.

2. Con referencia a Sal. 104:5, el contexto trata del cuidado de Dios de su creación y se enfatiza la verdad de que la tierra es "eterna" por la duración del propósito que tiene Dios para ella (que es que sirva de habitación física para el hombre en su vida física). Entonces pasará. Es lo que afirman 2 Ped. 3:10-12 ("la tierra y las obras que en ella hay serán quemadas") y Apoc. 20:11 ("huyeron la tierra y el cielo, y ningún lugar se encontró para ellos"). El cristiano no busca vivir para siempre en este mundo físico, sino en el cielo (Juan 14:2,3; 1 Tes. 4:17; Heb. 11:16; 1 Ped. 1:4; etc.).

3. El Antiguo Testamento dio ciertas ordenanzas con respecto al tabernáculo que se llamaron "estatutos perpetuos" (Éxo. 27:21; 28:43; Lev. 10:9; 24:3) pero "por vuestras generaciones." La palabra "perpetuo" no ha de ser entendida siempre como "eternidad" sin fin. Vemos que la perpetuidad duraba todo el tiempo de las generaciones de los israelitas; o sea, hasta el Nuevo Testamento. Otros ejemplos de cosas y actividades "perpetuas": Éxo. 12:14,17,24; 21:6; 29:28; 30:21; 31:16,17; 40:15; Lev. 6:18; 7:34; 10:9; 16:29,31,34; 17:7 ("por sus edades"); 23:14,31,41; 24:8; 25:46 ("hasta las edades"); Núm. 10:8; 15:15; 18:8, 19; 19:10; Deut. 4:40; 5:29; 13:16; 15:17; 18:5.

4. Los Testigos de Jehová son falsos maestros, dando interpretaciones literales a pasajes y expresiones figurados e ignorando contextos. Sal. 104:5 dice literalmente: "El que establece la tierra sobre su cimiento, no será movida a la edad de edad." La expresión "a la edad

de edad" significa eternamente. En los pasajes en la versión Reina Valera 1960 que emplean la palabra "perpetuo" en el texto griego (Septuaginta) aparece la palabra "aionios" (eterno, de "aion," edad, perpetuidad). Por los ejemplos de pasajes arriba vemos que lo que era "eterno" (perpetuo) no ha de ser entendido como tiempo sin fin alguno. Pero hay casos en que el vocablo "eterno" por su contexto debe ser entendido literalmente como para siempre sin fin (Jn. 6:51,58; Heb. 1:8). El contexto rige.

2. El Sr. Bacchiocchi escribe: **"Como observa agudamente Basil Atkinson, 'cuando el adjetivo *aionios* que significa 'eterno' se usa en griego con sustantivos de *acción*, hace referencia al *resultado* de la acción, no al proceso. Por consiguiente, la frase 'castigo eterno' es comparable con 'redención eterna' y 'salvación eterna', ambas frases de la Escritura. Nadie supone que estamos siendo redimidos o salvados constantemente."**

Véase mi refutación arriba del mismo argumento hecho por Maxey quien cita mucho al Sr. Bacchiocchi. ¿Supone el Sr. Bacchiocchi que el justo salvado estará siendo hecho vivo constantemente? ¿No sería el sustantivo "vida" de *acción* tanto que el sustantivo "castigo"? (Más sobre esto más abajo). El de vida eterna estará viviendo eternamente y el del castigo eterno estará siendo castigado eternamente. A los dos les será dado algo que continuará para siempre; a saber, a uno algo que le será para siempre vida, y no termina y al otro algo que le será para siempre castigo. Si algo llega a la aniquilación, a la inexistencia, entonces no es eterno.

Con respecto a la afirmación sobre aionios con sustantivos de acción no veo en los escritos del Sr. Bacchiocchi presentados nombres de reconocidas autoridades en la lengua griega que secunden tal idea. ¿Por qué no presentó algunos? ¿Existen? El Sr. Atkinson se presenta como un erudito, sí, pero no como un lexicógrafo griego.

Es cierto que Heb. 9:12 dice que Jesús obtuvo eterna redención y la continuidad de esa redención es para siempre. Heb. 5:9 dice que Jesús es el autor de eterna salvación, y la continuidad de esa salvación es para siempre. De igual manera de razonar e interpretar entendemos que Jesús, al decir en Mat. 25:46 que "irán éstos al castigo eterna y los justos a la vida eterna" que la continuidad del castigo y de la vida es para siempre. No dice "castigar" ni "vivir," como hablando de "procesos," sino castigo y vida, los dos destinos de la misma duración: la eternidad. No hay eternidad en el acto de castigar durante un tiempo indeterminado para luego extinguir a la persona castigada, como no hay eternidad en vivir uno por igual tiempo para luego experimentar la aniquilación.

Apoc. 14:6 habla del "evangelio eterno." ¿Este plan de Dios ha de ser anunciado por un tiempo para después ser aniquilado? (Este plan involucra la vida eterna en los cielos).

2 Cor. 4:17 habla de un "eterno peso de gloria." ¿Se produce en el cristiano por un tiempo para después ser aniquilada (y 2 Tim. 2:11; 1 Ped. 5:10, gloria eterna).

Lo mismo se puede preguntar con referencia a las "cosas que no se ven" que son eternas (2 Cor. 4:18), al reino eterno (2 Ped. 1:11), a la herencia eterna (Heb. 9:15), a la consolación eterna (2 Tes. 2:16), y a las moradas eternas (Luc. 16:9). Son cosas que nunca cesan; que duran para toda la eternidad.

Tómese nota de: Mat. 18:8, "fuego eterno"; 25:41, "fuego eterno"; Mar. 3:29, "juicio eterno"; 2 Tes, 2:9, pena de "eterna perdición"; y Judas 7, "fuego eterno." ¿Con qué regla hemos de concluir que estos fuegos, juicio y perdición han de ser menos que eternos y solamente de duración muy limitada para terminar todo en la aniquilación? ¿Es ésa la regla del "ipse dixit" del falso maestro?

El condicionalista, como el Sr. Bacchiocchi y otros, emplean Isa. 34:10 para intentar probar que "perpetuamente" no siempre significa eternamente, porque la destrucción de la nación Edom finalmente vio su completa destrucción y pasó. Los versículos 9 y 10 dicen: "sus arroyos se convertirán en brea, y su polvo en azufre, y su tierra en brea ardiente. 10 No se apagará de noche ni de día, perpetuamente subirá su humo; de generación en generación será asolada, nunca jamás pasará nadie por ella."

Por el lenguaje empleado por el profeta (compárense 66:24; Apoc. 19:3) acerca del castigo terminante contra Edom es representado también el castigo final de Dios contra todos sus enemigos que en su rebelión imitan el pensar del edomita contra Israel. Hay doble cumplimiento en el pasaje de Isa. 34.

Nótese el doble cumplimiento de profecías. 2 Sam. 7:8-17 más Heb. 1:5,6; Sal. 89:3,4 presentan una profecía que se cumplió en el trono de David como también en el del Cristo. En cuanto a Isa. 34:10, la destrucción de parte de Dios de todos sus enemigos será eterna, o perpetua (2 Tes. 1:7-10; Mat. 25:46). Otro ejemplo se ve en Judas 7. El fuego que destruyó a la gente de Sodoma y Gomorra sirve de ejemplo, dice el texto, del castigo del fuego eterno en el infierno después del Juicio final (ver. 15; Jn. 5:28,29). Rom. 15:4 dice, "Porque las cosas que se escribieron antes, para nuestra enseñanza se escribieron, a fin de que por la paciencia y la consolación de las Escrituras, tengamos esperanza." Muchos eventos del Antiguo Testamento sirven de ejemplo de cómo Dios trata al hombre en juicio, para bien o para mal.

El texto griego de Judas 7, en cuanto al orden de palabras, bien puede ser traducido así: "son propuestos como ejemplo de fuego eterno" (Lacueva, etc.). Lo que sufrió Sodoma y las demás ciudades no fue un fuego eterno, sino pena. Fueron destruidos por azufre y fuego (Gén. 19:24) y eso sirvió de ejemplo del fuego eterno que espera para todo el mundo de semejante iniquidad (2 Ped. 2:6). Comoquiera, el punto de Judas es de un evento sirviendo de ejemplo para otro futuro. El punto del condicionalista es que esas ciudades sufrieron un fuego eterno en que el *resultado* de su destrucción por fuego literal es para siempre. Pero Judas por inspiración dice "fuego eterno," no "resultado eterno."

No obstante, el castigo eterno de Mat. 25:46 no es simbólico, como tampoco la vida eterna del pasaje. Cristo en el referido pasaje no emplea el lenguaje figurado de Isa. 34:10 sino en declaración literal presenta el destino eterno de las dos divisiones de la humanidad (Mat. 25:31-33). Habrá vida eterna para unos y castigo eterno para otros. La vida y el castigo serán de igual duración.

D. Confusión Sobre El Infierno Y El Hades

1. El infierno. Los Adventistas Del Séptimo Día creen que la muerte es un sueño en que los muertos "nada saben." Citan Ecle. 9:5. Notaremos la doctrina del sueño de los muertos más abajo. No creen en el infierno como lugar de tormento eterno. Creen que los muertos están en un estado de inconsciencia hasta la resurrección, y luego después del Juicio final los malos sufrirán un castigo apropiado y luego serán completamente aniquilados.

Los Testigos de Jehová alegan que la doctrina bíblica del castigo eterno de los malos es una doctrina irrazonable y que contradice la Biblia, que el infierno no es un lugar de castigo eterno. Para ellos no existe el infierno. Creen en la aniquilación de los malos. ¿Por qué, pues, advirtió Jesús del peligro de infierno (Mat. 5:22,29,30, "quedará expuesto al infierno de fuego... echado al infierno")? Véanse Heb. 10:27; Rom. 2:8,9; 11:22.

Los agnósticos y los ateístas, siguiendo sus emociones carnales y vanos razonamientos, en lugar de la revelación de Dios en Jesucristo, afirman que no pueden aceptar un concepto de justicia que demande un castigo eterno. Otros que son religiosos, incluyendo algunos de mis hermanos en la fe, siguen el mismo razonamiento, afirmando que tal doctrina impide la conversión de los agnósticos y ateos, como también de otros que en algún sentido profesan creer en Dios. Mis hermanos y los religiosos ¿no habrán leído Isa. 55:8,9; 65:2? Se argumenta que no es justo que el que peca algunas veces en la vida tenga que ser castigado eternamente, pero no hablan del paralelo de que el justo, haciendo la justicia algunas veces en la vida, se apremie con la vida eterna en el cielo. Si la primera cosa es injusta, ¡también la segunda! El hombre baja a Dios a sus propios conceptos humanos en lugar de elevarse a la sabiduría de Dios su Creador (Rom. 1:18-25).

Notemos esta declaración clara de la posición que el Sr. Bacchiocchi toma con respecto al infierno y el castigo eterno del pecador perdido: "la naturaleza del castigo final que, como lo veremos, es aniquilación permanente y no tormento eterno." El hno. Maxey y otros afirman lo mismo. Estaremos notando algunos de sus afirmaciones al respecto.

Cristo advirtió a los hombres que tomaran las más intensas precauciones para estar preparados en esta vida para no "ir al infierno, al fuego que no puede ser apagado donde el gusano de ellos no muere, y el fuego nunca se apaga" (Mar. 9:43,44). Véanse también Mat. 3:12; Mar. 9:43; Luc. 3:17. El texto griego dice "fuego asbesto." En español la palabra "asbesto" significa no poder ser consumido de fuego, pero en griego se significa no poder ser apagado.

Al final del Juicio Final los inicuos "irán éstos al castigo eterno, y los justos a la vida eterna" (Mat. 25:46). El destino del uno es tan interminable que el del otro. Pero el falso maestro no lo cree. Al morir el pecador no va directamente al infierno (como tampoco va el cristiano fiel directamente al cielo).

La palabra "infierno" es del latín (inferior). El vocablo en el texto griego es "geenna." Tiene su base en la profecía de Jer. 7:31-33. La gehenna en el Interlineal de Lacueva se traduce "infierno."

No existe ahora, y por eso nadie al morir va directamente allí. Es el nombre en el Nuevo Testamento para indicar el lugar de castigo eterno después del Juicio final. No ha de ser confundido con el Hades.

Gehenna toma su nombre del valle del hijo de Hinom (Jos. 18:16), un valle al suroeste de Jerusalén (Neh. 11:30) donde antiguamente los judíos idólatras echaron hijos a los brazos del dios, Moloc (2 Crón. 28:3), llamado también Valle de la Matanza (Jer. 7:32). 2 Reyes 23:10, al hablar de las reformas de Josías, en su tiempo se profanó el lugar.

Tan aborrecido era el lugar en el tiempo de Jesús que la gente comenzó a usar el lugar para echar allí toda clase de basura, de animales muertos y hasta criminales ejecutados. Se mantenía fuego allí para consumir el contenido. Así vino a ser símbolo de penalidad o castigo.

El término griego se emplea en estos pasajes en el Nuevo Testamento: Mat. 5:22,29,30; 10:28; 18:9; 23:15,33; Mar. 9:43,46,47; Luc. 12:5; Sant. 3:6.

Las frases en estos pasajes que describen al infierno: "expuesto al infierno de fuego"; "ser echado" (al infierno); "destruir el alma y el cuerpo" (en el infierno); "ser echado en el infierno de fuego"; "hijo del infierno"; "la condenación del infierno"; el "fuego que no puede ser apagado"; "donde el gusano de ellos no muere, y el fuego nunca se apaga"; e "inflamada por el infierno." Si el perdido a fin es aniquilado, ¿para qué sirve que un fuego no se apague, o que gusanos que comen cuerpos muertos nunca mueran?

En otros pasajes el tema emplea estas frases: "las tinieblas de afuera," "el lloro y el crujir de dientes" (Mat. 8:12; 22:13; 25:30), "el horno de fuego" (Mat. 13:42), "castigo eterno" (Mat. 25:46); "perdición" (Fil. 3:19); "excluidos de la presencia del Señor y de la gloria de su poder" (2 Tes. 1:9); "los que retroceden para perdición" (Heb. 10:39); "la más densa oscuridad" (2 Ped. 2:17), "el castigo de fuego eterno" (Judas 7); "reservada eternamente la oscuridad de las tinieblas" (Judas 13), "la segunda muerte" (Apoc. 2:11); "el humo de ella sube por los siglos de los siglos" (Apoc. 19:3); "lago de fuego que arde con azufre" Apoc. 19:20); "atormentados día y noche por los siglos de los siglos" (Apoc. 20:10) y "el lago de fuego y azufre, que es la segunda muerte" (Apoc. 21:8).

Sea lo que sea el lenguaje empleado en estas descripciones, si literal o figurado, y lo que sea la clase de fuego, sin duda alguna se describe sufrimiento sensible y esto sin fin. No hay sugerencia alguna de aniquilación, ni la mención de tal palabra, en estos textos inspirados. No hay idea alguna de un sufrimiento de tiempo limitado para ser seguido de una aniquilación.

El fuego que Dios empleará no será fuego ordinario, conocido en esta vida física, porque será uno que no se apagará (Luc. 3:17) por no necesitar combustible para continuar quemando.

El incrédulo se burla de la idea de que el malo se castigue con fuego que a la vez deje al malo en tinieblas, porque el fuego da luz. Su error consiste en pensar solamente en el fuego conocido por el hombre en esta vida en lugar de en el fuego que Dios preparará para el propósito que tiene para el castigo eterno (Mat. 25:41,46). Nada es imposible para Dios (Mat. 19:26).

Debe ser notado que el simbolismo bíblico siempre se basa en realidades, no en mitos (2 Ped. 1:16), y enfatiza más plenamente dicha realidad, no menos. (Lo mismo puede decirse de las parábolas bíblicas). El hecho de que un dado pasaje sea simbólico no quita nada de la realidad de la lección así presentada. Al contrario aumenta la realidad.

2. El Hades. Algunos creen que al morir el espíritu del salvo va directamente al cielo, pero si fuera así no habría caso para la resurrección. Al morir, el espíritu de todos va a la morada de los espíritus sin cuerpo, el lugar llamado Hades. Esto es evidente por la enseñanza de tales pasajes como Luc. 16:23 y Hech. 2:27,31. Para los malos el Hades es un lugar de tormento (ver. 28) mientras se espera la resurrección. El destino de todo muerto es determinado al morir y encontrarse el espíritu o alma en una de dos condiciones (el reposo o el tormento). (El Juicio Final no es para esa determinación. Es para la vindicación formal de la Deidad de Jesucristo y la obra del evangelio

y la sentencia formal del Señor de toda la humanidad, Fil. 2:9-11; Mat. 25:31:32. El Día Final será un día de sentencia). El infierno es el lugar de castigo eterno después del Juicio Final. Jesús describió el grado de su tormento en amplios pasajes.

No hay comparación entre el tormento del Hades y el eterno después del Juicio Final (2 Tes. 1:8,9; Rom. 2:8; Apoc. 14:10,11; 21:8), como no hay comparación entre el reposo en el Hades y la vida eterna en el cielo (Jn. 14:1-3; 21:4; 22:1-5).

Según W. E. Vine, el vocablo "hades" es la región de los espíritus de los muertos donde esperan el día de la resurrección. Corresponde a la palabra "seol" del Antiguo Testamento. No ha de ser confundido con el infierno, ni significa el sepulcro. Es el estado intermediario entre la muerte y el Juicio Final; por eso dice Apoc. 20:13 que el Hades *entregó* los muertos.

Según Thayer, Hades es "la esfera de los muertos...el recipiente común de espíritus incorpóreos: Luc. 16:23; Hechos 2:27,31."

Cristo empleó el vocablo Hades en estos cuatro pasajes: Mat. 11:23; 16:18; Luc. 10:15; y 16:23.

El alma de Cristo estuvo tres días en el Hades (pero no fue dejada allí, Hech. 2:27,31) mientras su cuerpo crucificado estuvo en el sepulcro de José de Arimatea (Jn. 19:38-42). Jesús usó el término "paraíso" para describir el lugar donde estaría ese mismo día de su crucifixión, juntamente con el malhechor arrepentido (pero no con el otro malhechor presente), o sea en la parte de reposo del Hades (Luc. 23:43). Esto concuerda con Luc. 16:22-25.

El Hades siempre se presenta como en seguida de la muerte (Apoc. 6:8; 20:13). Es tan real que la muerte. Cristo tiene las llaves de ellos (Apoc. 1:18), o sea potestad sobre ellos.

En Apoc. 6:8 el Hades es personificado como ejerciendo juicios parciales.

La realidad del Hades presenta un gran problema para los falsos maestros de la teoría holística. Esto lo veremos al seguir exponiendo los errores en los escritos de Maxey, Bacchiocchi, y otros.

El término griego se emplea en estos pasajes: Mat. 11:23; 16:18; Luc. 10:15; 16:23; Hech. 2:27, 31; 1 Cor. 15:55; Apoc. 1:18; 6:8; 20:13,14.

Cristo descendió a las partes más bajas de la tierra (Efes. 4:9,10). Su alma se encontró en el Hades. No descendió al sepulcro; su cuerpo fue *puesto* (no descendió) en él (Luc. 23:53). El Hades se consideraba como en las partes inferiores de la tierra. Compárese Sal. 63:9. Rom. 10:6,7 dicen que al morir Cristo él descendió al abismo (lugar sin fondo); o sea, al Hades. Luc. 8:31, el demonio Legión no quiso ser mandado al abismo. Tenían al hombre endemoniado morando en los sepulcros; así es que el Hades no es el sepulcro. Ese lugar a donde ese espíritu malo no quiso ser echado por Cristo era uno para la habitación de espíritus. En esta conexión véase 2 Ped. 2:4,9.

Cristo antes de su muerte prometió edificar su iglesia y dijo que las puertas del Hades no prevalecerían contra ella (Mat. 16:18), porque la muerte no pudo retener a Jesús (Hech. 2:24), pues resucitó del Hades y se unió a su cuerpo en la resurrección (2:27).

3. ¿Es Luc. 16:19-31 una parábola?

Según el Sr. Thayer, una parábola es "una comparación de una cosa con otra, un ejemplo por lo que una doctrina o precepto es ilustrado." Mat. 24:32, "De la higuera aprended la parábola: Cuando ya su rama está tierna, y brotan las hojas, sabéis que el verano está cerca." ¿Es la higuera ficticia? ¿Nos puede enseñarnos algo? ¡Seguro! Mar. 3:23, "les decía en parábolas: ¿Cómo puede Satanás echar fuera a Satanás?." ¿Existe Satanás en realidad? ¿Es ficticio, fingido? Luc. 14:7, "Observando cómo escogían los primeros asientos a la mesa, refirió a los convidados una parábola, diciéndoles." ¿En realidad existen fiestas de bodas y a ellas se invita gente? ¡Claro que sí!

En la parábola la comparación puede ser un evento *en particular*, indicado por las palabras "un cierto hombre" (nombrado o no) (ejemplos, Luc. 12:16; 13:6), o puede ser un evento común y normal en la vida diaria (Mat. 13:3; etc.), pero en los dos casos se ilustra cierto principio o punto de enseñanza aplicable al oyente. No se puede afirmar que el evento narrado *no es una parábola* porque se dice "un cierto hombre," pero la mención de cierto hombre, y especialmente cuando se da su nombre (por ej., Lázaro), hace que la narración sea una de evento real en la vida que se usa para propósitos de ilustrar puntos importantes. Luc. 1:5 habla, no en parábola, de "cierto sacerdote llamado Zacarías" (Ver. Moderna). Nadie dice que Zacarías fue ficticio. Luc. 10:30-35 no es una parábola. Cristo está refiriéndose a ciertas personas en un evento real. Luc. 10:38, cierta aldea, cierta mujer, (según el texto griego y la Ver. Moderna y otras) frases que indican un evento real. Luc. 8:27, según el texto griego, vino "un cierto hombre de la ciudad." Esto no trata de historia o cuento, sino de un evento real. El texto griego, Lacueva, y varias versiones buenas, dicen "cierto hombre," Hech. 8:9 dice "cierto hombre de nombre Simón." Mar. 15:21, "cogieron a un tal (griego, cierto) Simón de Cirene (el padre de Alejandro y de Rufo), que regresaba del campo." Hech. 9:43 dice, "Y Pedro se quedó muchos días en Jope, hospedado con cierto Simón, curtidor." Con la palabra "cierta" (griego, TIS) se hace notorio de que se trata un caso o persona en realidad y no de caso indefinido. Mar. 14:51, "Pero cierto (TIS) joven le seguía, cubierto el cuerpo con una sábana; y le prendieron." (Noto que a veces Lacueva deja la palabra TIS sin traducción; a veces, no. La buena versión en inglés, la ASV, siempre dice "cierto").

Luc. 18:9, "A unos que confiaban en sí mismos como justos, y menospreciaban a los otros, dijo también esta parábola." Esta parábola fue dirigida a cierta gente en particular que la necesitaba. ¿Se narró algo de mito? ¿No existían el templo y las diferentes clases de oración practicada? La palabra "parábola" no significa ficción y no realidad.

Heb. 9:9, "Lo cual es símbolo para el tiempo presente, según el cual se presentan ofrendas y sacrificios que no pueden hacer perfecto, en cuanto a la conciencia, al que practica ese culto." En este texto la palabra "figura" en el texto griego es "parábola." (Así lo nota Lacueva). La Ver. Moderna dice, "Lo cual era una parábola para aquel tiempo entonces presente." La parábola representa una realidad. La realidad sirve de figura de otra realidad. Las dos cosas son reales.

Heb. 11:19, "pensando que Dios es poderoso para levantar aun de entre los muertos, de donde, en sentido figurado, también le volvió a recibir." El texto griego dice "en parábola recibió." (Así lo nota Lacueva). Abraham en realidad iba llevando a cabo el ofrecimiento de su hijo en sacrificio; la narración no fue de una fábula de algo no real.

Los Testigos de Jehová y otros quieren negar la realidad del Hades; para ellos no existe. Para algunos es el sepulcro, nada más. Pero ninguna parábola de Jesús fue de cosas no existentes, no reales. ¿Cuál otra parábola de Jesús intentan ellos tratar así? ¿Por qué solamente la historia de Luc. 16:19-31 se trata así? ¿Eran los ángeles y

Abraham también parte de una fábula o narración ficticia? ¿Ningún muerto deja hermanos sobrevivientes en la tierra?

¿No presenta la parábola de Luc. 5:36-39 una realidad en la vida de los hombres del tiempo de Jesús? ¿Qué de Luc. 6:39? En Luc. 4:23 el texto dice "parábola" para la palabra que en Valera 1960 dice "proverbio".

Sea el pasaje de Luc. 16:19-31 parábola o no, ya que trata del Hades, una realidad mencionada en otros pasajes nada parabólicas no se puede negar que sus enseñanzas se comportan con realidades de esta vida y con la condición del espíritu del muerto entre la muerte y la resurrección venidera. Jesús y el malhechor en la cruz fueron aquel mismo día al paraíso, al Hades (no al cielo), y al tercer día el alma de Jesús no fue dejada allí sino volvió y se unió en su cuerpo resucitado en forma gloriosa.

Según los Testigos de Jehová, y otros como los condicionalistas, el referido pasaje es solamente una parábola, implicando que por no ser un evento en realidad no es una certeza.

"Es solamente una parábola" dicen los Testigos de Jehová y otros.

Pero toda parábola en el Nuevo Testamento se basaba en una realidad (hay pescadores y pescan; hay sembradores y siembran; hay mujeres que echan levadura a la masa; etc.). Nunca fueron basados en mitos. La palabra "parábola" literalmente significa "arrojar a lado de (algo)." La parábola es una narración que arrojada al lado de cierta realidad de vida nos presenta una lección debida. En la realidad de la cosa podemos ver la importancia de la lección.

Al Maxey dice: "En cuanto a Lázaro (Lucas 16) era sencillamente un carácter ficticio en una parábola y por eso a fin de cuentas nunca existía." A Al le preguntamos: ¿Era Abraham (Lucas 16) también un mero carácter ficticio y que por eso nunca vivió? ¿Eran los ángeles (Lucas 16) también sencillos caracteres ficticios y que por eso nunca existieron? ¿Por qué dio Jesús nombre propio al mendigo en particular, cosa que no hizo en las verdaderas parábolas (Mat. 13:3 en adelante)? El falso maestro rechaza la existencia del Hades porque no puede admitir que el alma, o espíritu, del difunto pasa una existencia en algún lugar (16:28) ya separado del cuerpo que ahora yace en la tumba.

Admitiendo que lo narrado en Lucas 16 es una parábola, como en el caso de todas las parábolas, tiene que admitirse que se trata una realidad de vida cuyas lecciones se conforman a lo que el caso real sugiere. ¿Para qué, pues, insistir en que la narración es una parábola?

Considerando la defensa del Sr. Bacchiocchi de su posición con referencia a Luc. 16:19-31, que todo es una parábola, vemos que él se objeta a lo que él llama una vista literal del texto porque en tal caso los "ojos," la "lengua," y el "dedo" mencionados serían partes literales del cuerpo físico del hombre en esta vida terrenal. Agrega que la "gran sima" no se puede pasar, pero sí se oye la plática de un lado al otro. Él concluye que todo tiene que ser figurado.

Observaciones:

1. Pero según la doctrina de él al morir la persona ¡toda la persona muere! y por eso deja de existir. (Él diría que la persona muerta "duerme"). El rico, Lázaro y Abraham, por estar muertos, ya no podían existir, pues ¡todo murió; el hombre no tiene partes separados (se nos dice)! Si los muertos dejan de existir, ¿cómo pueden ser resucitados en el día de la resurrección? El extinto ya no existe.

2. El Sr. Bacchiocchi presupone lo que no puede probar que es que los miembros o facultades del cuerpo espiritual en el Hades son los mismos limitados al cuerpo físico en esta vida en la tierra. No sabemos cómo son las facultades de un espíritu para poder ver, tocar, y hablar. Tampoco sabe el Sr. Bacchiocchi. Véase 1 Jn. 3:2.

3. El lenguaje de esta narración en Lucas 16 puede ser simbólico aunque con respecto a facultades literales del mundo de los espíritus. Por ejemplo es "literal" (real) lo que dice Efes. 2:1 aunque la palabra "muertos" es empleada simbólicamente. En toda realidad los hermanos efesios habían estado muertos en el pecado.

4. Si el rico y Lázaro son ficticios, ¿lo serán también Abraham y los ángeles?

5. El tomar lo narrado en Lucas 16:19-31 como evento real no contradice a Mat. 25:31,32 porque el primer pasaje trata de una situación progresiva en el Hades, que no es el infierno, y el Juicio Final que va a ser una situación singular de un día específico antes de comenzar el infierno.

6. Lo narrado en Lucas 16:19-31 no contradice a Ecle. 9:5,6 porque este último pasaje trata exclusivamente de lo que "se hace de-

bajo del sol"(ver. 11; 2:17,19,22; etc.). Esto lo ignora el Sr. Bacchiocchi.

7. ¿Cuál autor bíblico llamó "parábola" al relato en Luc. 16:19:31?

El señor argumenta que Jesús empleó una representación popular en su tiempo e incorrecta acerca del Hades al usar esta "parábola," aprovechándose de este concepto falso para hacer hincapié en la lección importante con relación a prestar atención a Moisés y a los profetas (ver. 29) "porque esto determina dicha o miseria en el mundo venidero." ¿Cristo engañó a sus oyentes? ¿En realidad usó algo incorrecto para enseñar la verdad? ¡Qué acusación más fea contra el Hijo de Dios! En realidad Cristo habla en este pasaje acerca del Hades, la morada de los espíritus entre la muerte física y el Juicio Final, y no acerca del mundo venidero después del Juicio Final. En el mundo venidero después del Juicio Final ¡nadie tendrá hermanos en la tierra a quienes dar avisos!

7. El Sr. Bacchiocchi trata de presentar un caso paralelo de usar Jesús algo falso para enseñar la verdad al escribir estas palabras: **"Debe notarse que aun en la previa parábola del Mayordomo Infiel (Lucas 16:1-12), Jesús usa una historia que no representa fielmente la verdad bíblica. En ninguna parte de la Biblia se aprueba la práctica de un administrador deshonesto que reduce a la mitad las deudas sobresalientes de acreedores con el fin de que se logren beneficios de tales acreedores. La lección de la parábola es 'haceos amigos' (Lucas 16:9), no es enseñar prácticas deshonestas de negocio."**

Pero el paralelo del Sr. Bacchiocchi ¡no es paralelo! La cuestión tratada no es propiamente "la verdad bíblica" sino la realidad de cómo actúa el mundo ("los hijos de este siglo," ver. 8) sagazmente al hacer preparativos para el futuro. Tal actitud de preparación para la vida del mundo venidero tiene que ser ejercitada también por los siervos de Cristo (los hijos de luz, ver. 8) en esta vida. Cristo no estuvo alabando ¡actividades no bíblicas! Estuvo contrastando entre mundanos y seguidores suyos en cuanto al sentido de preparación. El rechazo de parte del Sr. Bacchiocchi de la enseñanza de Cristo en Lucas 16 le ha llevando a la posición de atribuir a Cristo aprobación del uso de medios malos de enseñanza.

Cristo al enseñar y hacer aplicaciones a sus oyentes no siempre lo hacía por medio de parábolas (Mat. 4:23; 5:1,2 y siguiente; 7:28,29. Mat. 11:1-6; 12:1-8; 12:46-50; 19:312; etc. Luc. 16:19-31 no es parábola. ¡La cierta persona nombrada es Lázaro!

III. "El debate Maxey — Thrasher — El Destino Eterno de los Malos, Tormento Perpetuo o Extinción Última (Una Discusión Bíblica Al Fondo)" — (en inglés. La traducción mía, bhr).

Un intercambio escrito 2 Feb., 2002 a 26 Nov., 2002

A continuación ofrezco algunas citas (como cincuenta) de este debate escrito, palabras y frases de la autoría del hno. Al Maxey, con mis comentarios sobre ellas precedidos por mis iniciales **bhr, y en tipo negrito.** Por este medio mostraré algo del sofisma, la falsa representación y las falacias de la argumentación del hno. Maxey, confiado yo en que el lector se aprovechará muchos al examinar mi repaso. El falso maestro siempre emplea medios y tácticas carnales.

(Para no tener que escribir seguidamente las frases "el hno. Al Maxey" y "el hno. Thomas Thrasher," usaré las iniciales AM y TT).

1. AM dice con respecto a la posición de TT sobre el Hades que es de "una clase de juicio prejuicio" y "castigo precastigo." **Sigue diciendo:** "No creo que la Biblia declare que Seol y Hades sean 'áreas de detención intermediarias' para 'almas inmortales' mientras estén en espera de juicio. No son almas juzgadas y castigadas antes de Juicio y Castigo."

bhr — ¡Falsa representación y lenguaje de prejuicio! Es evidente que AM ignora el propósito del Día del Juicio Final. No es para determinar Dios (juzgar) qué hacer con cada quien. Eso es determinado cuando la persona muere. El Día del Juicio final será una presentación formal al tribunal de Cristo de todo ser humano para oír y ver la vindicación de la Deidad de él y de su obra de redención en el evangelio (Fil. 2:9,11; Mat. 10:33; 25:31-46;1 Ped. 4:13) y para sentencia formal de todos. Véase 2 Tes. 1:5-10.

El estado de "tormento" (Luc. 16:25) no es el "castigo eterno" de Mat. 25:46. Este tormento hasta el Juicio Final no ha de ser comparado con el castigo eterno.

¿No está el criminal ya juzgado detenido en la cárcel mientras espera el día de su sentencia formal?

2. "Tomás cree que en la resurrección solamente el cuerpo es levantado debido a que el 'alma' ya está o en la miseria o la dicha. Así el resucitar es como un echar de golpe a las almas a sus cuerpos. Con esto estoy de total desacuerdo."

bhr — El lector puede ver el lenguaje de prejuicio que emplea AM ("echar de golpe"). El alma en el Hades no está en la dicha del cielo, sino reposa en el Hades. AM escoge lenguaje para predisponer a sus lectores; es carnal. El no cree que el alma es una entidad separada del cuerpo; cree en el holismo. Para él cuando el cuerpo muere, también el alma (vida); ya no existe en ninguna parte.

AM no cree en el Hades. El dice, "¿No tendría Tomás a esto como un segundo juicio, dado que si un 'alma' está en una miseria de Hades antes de llegar este gran juicio, entonces no ocurrió ya un juicio anterior? **Para AM "juicio" es solamente un tiempo para decidir qué hacer con la persona.**

3. (Dice TT): "El destino del malo es entrar en castigo eterno. Esto no es cierto en cuanto a los justos." Con esto yo estoy de completo acuerdo. No obstante ya pronto va a ser obvio que Tomas y yo tenemos perspectivas muy diferentes concernientes a lo que constituya este 'castigo' de los malos. De hecho esto es una de las diferencias primarias entre los dos y el mismo propósito de este debate."

bhr — Con esto AM está introduciendo su creencia en el holismo con su subsecuente aniquilación. Él no cree en el "castigo eterno" sino en uno de limitada duración para resultar después en una aniquilación.

4. "mucho de la enseñanza tradicional sobre este tema es basado en una teología básica y terriblemente defectuosa, conocida como 'almaísmo inmortal'. Yo no creo que la biblia enseñe tal doctrina."

bhr — Sobre "tradicional" véase Introducción, 2., a. AM nos representa falsamente.

Se admite que no es del todo correcto decir "alma inmortal" (véase I. ALMA, ESPÍRITU, D., 1., a.), pero el alma tiene existencia eterna por tener a Dios como su Padre (Heb. 12:69). Puede morir en el sentido de ser separada de la presencia de Dios para siempre (Mat. 25:41), pero no puede ser aniquilada. Es una entidad que puede habitar un cuerpo físico y seguir existiendo

fuera de él. Para AM es solamente la vida del cuerpo físico, y al perder el cuerpo su vida, se pierde el alma. AM, al decir "almaíso" se expresa con prejuicio y mal representa. Su acusación de "teología básica y terriblemente defectuosa" es su propia aseveración perjudicial; es un "ipse dixit" de él. No nos asusta. ¿Quién no puede tirar etiquetas?

5. AM afirma que la posición de su oponente es "una noción pagana" que "simplemente NO es la enseñanza de las Escrituras. Los términos 'Hades' y 'Seol' meramente denotan el SEPULCRO…Cuando morimos estamos MUERTOS. El hombre entero, no sencillamente la parte física de él, mientras que algún espíritu inmortal atrapado dentro de él vuela a una vida mayor que antes."

bhr — "Noción pagana," dice. Es fácil tirar etiquetas, pero no son pruebas de nada.

Que denotan "sepulcro" es un ipse dixit de AM, nada más. ¿Qué autoridad en la lengua griega dice tal cosa?

"El hombre entero" (que significa el holismo, bhr) al morir está muerto según AM. Él no cree que tenga un espíritu que exista aparte del cuerpo muerto. Representa mal a su oponente al decir "vuela a una vida mayor que antes." ¿Quién afirma tal cosa? Su uso de tales frases como "espíritu inmortal atrapado" muestra su prejuicio carnal. AM es dado a la falsa representación. Cree que es muy sofisticado.

6. Sobre "el destino último de los no redimidos" AM escribe: "consistirá en ser levantados los malos, condenados en juicio, y echados al lago de fuego. Allí sufrirán un *proceso* horrible *de estar muriendo que resultará en una muerte* de la cual jamás habrá una resurrección subsecuente … Por tanto tiempo que los redimidos estarán vivos con el Señor, los malos estarán muertos aparte de él. Los dos destinos de la humanidad son VIDA y MUERTE, no VIDA (en dicha) y VIDA (en miseria).

bhr — ¡La Biblia no dice "proceso de estar muriendo que resultará en una muerte." Todo esto es de la invención de AM. La sentencia que oirá el condenado en el Juicio Final es "apartaos de mí, malditos" (Mat. 25:43). El ser apartado o separado de Dios (el ser "echado," ver. 30) es muerte espiritual. Luego dice el ver. 46, "E irán éstos al castigos eterno." No dice nada acerca de un cierto proceso de algo. Dice "castigo eterno." Esto no lo cree AM. Él tiene que escribir las Escrituras de nuevo.

Él malo representa los dos destinos. Con astucia dice: "son VIDA y MUERTE, no VIDA (en dicha) y VIDA (en miseria)." **Pero sus dos opuestos no son válidos. Nadie afirma tal cosa. Los dos destinos según Cristo (Mat. 25:46) son castigo eterno y vida eterna. Ni Cristo ni el oponente de AM dice "VIDA (en miseria)." ¡Existencia en castigo eterno, sí, pero no vida (unión con Dios) en miseria!**

Al decir "muerte" AM supone que significa aniquilación, extinción, dejar de existir. **Su suposición no es prueba. Según el Sr. Thayer, el término "thanatos" (muerte) significa "esa separación del alma del cuerpo por la cual la vida en la tierra es terminada" La definición de AM no concuerda con la del lexicógrafo, Thayer.**

7. **Concerniente a 1 Sam. 28:11-25, AM dice:** "El hecho que *el sumario bíblico* del pecado de Saúl en esta ocasión (hallado en 1 Crónicas 10:13-14) *nunca menciona* de ninguna manera el estar presente Samuel, sino *solamente* que Saúl consultó con esta mujer, ha conducido a muchos a creer que este narrativo sencillamente un ejemplo de 'engaño demoniaco.'"

bhr — La referencia en 1 Crón. 10:13,14 no fue para el propósito de repetir el evento en totalidad, sino para declarar que el destino de Saúl fue el resultado de rehusar prestar atención a la palabra de Dios.

Samuel sí estuvo presente y hablo a Saúl; no se puede negar (1 Sam. 28:15-19).

8. **AM pregunta:** "¿Fueron salvos Saúl y sus hijos? Ahora ¿están ellos y Samuel juntos ('tú y tus hijos estaréis conmigo') en el seno de Abraham, experimentando los gozos de su salvación?"

bhr — Con gusto contesto las preguntas de AM. No, no fueron salvos. Murieron desobedientes a Jehová (28:16-18). Samuel y ellos están juntos al estar sus espíritus en el mismo Hades, pero están separados por el gran cima que divide los salvos de los perdidos (Luc. 16:26). No, Saúl y sus hijos no están en el seno de Abraham, ni experimentando los gozos de salvación, porque tal destino no es para los perdidos. AM a propósito quiere confundir la cuestión.

9. **Concerniente a la palabra "siglo" (gr., aion) y "eterno" (gr., aionios—adjetivo), AM cita a W. E. Vine (Diccionario Expositivo De Palabras Del Nuevo Testamento),** "El sentido que tiene la palabra no es tanto el de la longitud misma de un período, sino el de un período marcado por características espirituales o morales."

bhr — AM aquí cita a Vines sobre el nombre "aion," siglo. Sobre el adjetivo "aionios," eterno, Vines dice: "describe duración pero no sin fin, como en Ro 16:25; 2 Ti 1:9; Tit 1:2, o indefinida debido a que no tiene fin, como en Ro 16:26, y los otros sesenta y seis pasajes en que se halla en el NT." "Algunos han sugerido que la palabra "eterno" en muchas de nuestras traducciones de la Biblia solamente y siempre significa "para siempre." Esto sin embargo simplemente no es el caso, como un estudio de las palabras originales en el texto pronto demuestran. La palabra radical para el adjetivo 'aionios' es 'aion' (de lo que viene 'aeon'). El verdadero sentido del término en griego es 'siglo' o 'era'. Aparece 105 veces en las escrituras del NT. W. E. Vines dice: 'El sentido que tiene la palabra no es tanto el de la longitud misma de un período, sino el de un período marcado por características espirituales o morales'. (Un Diccionario Expositivo De Palabras Del Nuevo Testamento)."

Pero es significante lo que él NO cita de las definiciones de W. E. Vine. Es cierto que el término *Aion* **se traduce a veces "perpetuo" con relación con algunas prácticas del Antiguo Testamento (por ej., Éxo. 12:24), pero AM admite que en muchos casos la palabra se aplica a lo que no tiene fin. En cuanto a** *aion* **dice Vine: "una edad, siglo, se traduce 'eternidad' en 2 P 3:18." En cuanto al adjetivo** *aioios* **Vine dice: "no tiene fin, como en Ro 16:26, y los otros sesenta y seis pasajes en que se halla en el NT."**

AM no nos dice por cuál regla él determina en un dado caso en qué sentido el pasaje emplea el término *aion* **o** *aionios***. Mat. 25:46 dice "castigo** *aionion***" y vida** *aionion***." Si la vida no tiene fin, sino es eterna, ¿cómo explica AM que en el mismo versículo el castigo NO ES ETERNO, sino que ha de terminar en la aniquilación? ¡Curioso razonamiento!**

10. "Tomás abarca una vista doble de la naturaleza del hombre — el hombre siendo compuesto de distintas partes vivientes, una de ellas sujeta a la muerte, la otra no sujeta (y que sobrevive la muerta de la

primera. De hecho es libertada para una vida más amplia por la muerte de la otra). Examinaremos 'más esta doctrina de 'almaísmo inmortal' al estudiar la naturaleza del hombre en escritos subsecuentes."

bhr — AM rechaza esta "vista doble de la naturaleza del hombre" que atribuye a TT porque (AM) aboga por el holismo. Pero AM pasa a representar mal a TT, y a otros muchos, con palabras astutamente escogidas con que describe la "vista doble." Sí, el cuerpo físico está sujeto a la muerte (Heb. 9:27), pero el espíritu (llamado "la otra parte"; él no dirá el espíritu) no está sujeto a la muerte sino "es libertado para una vida más amplia," dice él. ¡Nadie afirma tal cosa! Es pura falsa representación. El espíritu incorporal es llevado existente al Hades donde espera el día de la resurrección, estando o consolado o atormentado. AM a propósito (para dejar visto mal su oponente) confunde "vivir" con "existir." ¿De dónde saca eso de "más amplia"?

El apóstol Pedro contradice el holismo en Hech. 2:27 al notar la "naturaleza doble" de Jesús, diciendo que su cuerpo físico no vio corrupción ni su alma fue dejado en el Hades.

Para AM la muerte es "la cesación de vida para la persona entera, no solamente para una parte de él." Si el caso es así, AM tiene a Jesús en "persona entera" cesando de vivir al morir en la cruz, pero Jesús dijo al malhechor que "hoy estrás *conmigo* en el paraíso" (Luc. 23:43). ¿La promesa de paraíso equivale a la cesación de vida para toda la persona? Los cuerpos de Jesús y del malhechor fueron sepultados (pero ¡no juntos!), pero Jesús y él iban a estar juntos ("conmigo") en el Hades, en esa condición descrita por la palabra "paraíso."

Hech. 9:39 muestra que un cuerpo puede estar en la presencia de otros sin que su espíritu esté presente en el cuerpo ("cuando estaba con ellos"). El ver. 40 dice que Pedro le levantó de la muerte, su espíritu volviendo a su cuerpo. Ella se incorporó. Ya estaba con ellos otra vez.

11. "La muerte espiritual es figurada. La muerte *física* es literal. ¡Uno puede estar espiritualmente "muerto" y pero al mismo tiempo *físicamente* "vivo"! ¡Uno puede estar físicamente animado, pero al mismo tiempo completamente cortado (con referencia a estado de

relación) de su Dios! 'Acordaos de que … En aquel tiempo estabais sin Cristo, alejados de la ciudadanía de Israel y ajenos a los pactos de la promesa, sin esperanza y SIN DIOS en el mundo' (Efes. 2:12). Hubo una 'separación entre vosotros y vuestro Dios' (Isa. 59:2), y esa separación constituyó una 'muerte' espiritual. Los tales fueron cortados de VIDA."

bhr — Cortados de VIDA, no, sino separados de DIOS, dice Efes. 2:12. En ninguna parte dicen las Escrituras "cortados de la vida." AM cambia de términos. El lector del las escrituras de él tiene que estar alerto a tales cambios. Todo falso maestro cita Biblia pero luego es capaz de cambiar de términos al hacer sus aplicaciones. ¡Mucho cuidado!

12. "La muerte FÍSICA de veras es una separación de vida (la animación del cuerpo físico) de la persona entera. El hombre es un conjunto unido, no un ser inmortal dentro de uno mortal. Así es que cuando el hombre muere, está muerto TODO él."

bhr — ¿Qué quiere decir AM con la frase "TODO él?" ¿En qué consiste la "persona entera?" ¿Quiere él decir que en la muerte el cuerpo y el aliento son separados del aliento? Estas preguntas merecen contestación ya que AM niega que el hombre tenga un alma separada del cuerpo que en la muerte del cuerpo exista aparte.

Arriba AM se expresa mal ("cortados de vida"); ahora dice bien: "La muerte ESPIRITUAL es figurada, e indica que el pecado ha producido una *separación del hombre de su Dios* **(bhr, subrayo yo)** con respecto a relación íntima.

AM cita a TT: "Mateo 8:22 ('Sígueme; deje que los muertos entierren a sus muertos'). Tomás escribió, 'Si la MUERTE es "cesación de vida para la persona entera," ¿cómo podría una persona muerta enterrar a otro?' Pero esta muerte es figurada, e indica que el pecado ha traído una separación de una hombre de su Dios…Los que se quedan 'muertos a Dios' en el pecado a través de sus vidas aquí en la tierra un día, después de la resurrección, pararse delante de Dios en juicio….Serán destruidos 'el alma y el cuerpo' (Mat. 10:28). Será una cesación de vida no solamente para el cuerpo sino también para el mismo SER (alma) del hombre. En otras palabras, cuando se cumpla la destrucción, CESARÁ DE SER. En la destrucción del SER de uno, hay una cesación del SER — como seres/almas independientes, cesan de ser/existir".

bhr — Nótese que AM no dice "alma" sola, sino "seres/alma/" y "ser/existir." El no cree que el hombre tenga un alma (espíritu) aparte del cuerpo físico. Adán llegó a ser un ser viviente (Gén. 2:7) porque Dios le dio un espíritu (Heb. 12:9). AM evade el uso de la palabra "espíritu" para usar la palabra "alma" en su sentido de "vida." El falso maestro siempre tiene que emplear cierta fraseología según sus propias definiciones y aplicaciones.

13. **(bhr — En esta sección #13 que sigue yo cito una sección larga de frases de AM y en letra negrita interpongo comentarios breves):**

"Hechos 2:27,31. Estos dos versículos son una cita de Pedro durante su 'sermón' el día de Pentecostés del Salmo 16:10 (que fue escrita por David). Es una profecía del Mesías y declara, 'No abandonarás Mi alma al Hades, ni permitirás que Tu Santo sufra pudrición'. El versículo 31 nos interpreta: 'miró para delante y habló de la resurrección del Cristo'...sencillamente ahora notamos que el Mesías **(bhr — el texto no dice "el Mesías" sino "mi alma")** no será dejado allí, ni sufrirá pudrición. Tomás ve alguna clase de 'existencia' después de la muerte física aquí en este pasaje, y sugeriría a usted que es el alma **(bhr —AM dice alma; no dirá espíritu)** que esta VIVA **(bhr — existe, no vive)** en alguna esfera de Hades, mientras que el cuerpo yace MUERTO...El estado de muerte (es definida como "pérdida de vida") **(bhr = tal es la definición de AM. La definición bíblica es la de separación. AM representa a TT como afirmando que el alma "es incapaz de jamás verdaderamente perder la vida misma. Pero "vida" y "existencia" son dos conceptos completamente diferentes. El cuerpo físico puede perder la vida, pero el alma no deja de existir. La muerte física no afecta el alma).**

bhr — AM concuerda con esta cita: "Así que Hech. 2:27,31 ofrece poca ayuda para la comprensión de la vida de después." **Con estas palabras el falso admite que el pasaje ¡es de ayuda! La verdad es que este pasaje tumba completamente la posición doctrinal de los tales como AM.**

bhr — AM escribe: "sencillamente ahora notamos que el Mesías no será dejado allí, ni sufrirá pudrición." **Pero el texto no dice "el**

Mesías" sino "mi alma." ¡Cuidado con la astucia de AM! El apóstol Pedro distingue entre el cuerpo y el alma; AM no lo hace.

bhr — En cuanto al Hades (como en Luc. 16:23) AM dice: "Tal idea pagana sencillamente NO es enseñanza de Escritura. Los términos "Hades" y "Seol" meramente denotan el SEPULCRO…Ecles. 9:2-5,10. El pasaje no se aplica al caso sino en contexto trata de lo que pasa ¡debajo del sol!

bhr — Aunque la versión Septuaginta (el Antiguo Testamento en griego) emplea la palabra Hades donde aparece Seol el Nuevo Testamento la usa, no sencillamente para decir "sepulcro" o "tumba" sino, según se explica ampliamente en II. D. 2., pág. 28, es la morada de los espíritus fuera de sus cuerpos entre la muerte y la resurrección.

bhr — Con referencia a Hech. 2:27-31 AM escribe: "El punto de esta profecía es que la muerte no le pudo retener. Él resucitaría de los muertos. Él no sufriría corrupción en el sepulcro." **El ver. 31 explica el 27 en cuanto a no ver la corrupción. Su carne (el cuerpo) no vio corrupción NI SU ALMA FUE DEJADA EN EL HADES. Pedro menciona dos cosas (carne y alma); AM menciona solamente una, según la doctrina holista.**

14. "¿Es el hombre inmortal o es su inmortalidad condicional y derivada?"

bhr — **Repetidas veces AM repite la doctrina del condicionalista, representando mal el caso. Él dice "el hombre" pero la discusión tiene que ver con "el espíritu." Nadie dice que el hombre es inmortal. El espíritu es capaz de ser separado (muerte, mortalidad) de Dios y esto eternamente, pero el espíritu siempre existe, en el cuerpo o fuera de él. La palabra "inmortalidad" significa imposibilidad de morir.**

15. "TT afirma que Jesús todo lo pagó, que él tomó sobre sí el pleno castigo…Si la paga del pecado es tortura eterna en fuego, entonces los malos serán forzados a sufrir un castigo infinitivamente mayor que lo que pagó Jesús por los pecados de la humanidad. De hecho el sufrimiento y muerte de Cristo serían triviales por comparación. Una persona escribió: 'Yo preferiría haber sido colgado en una cruz, haber sufrido como tres días, que ser ardido para siempre. La eternidad es un tanto más tiempo que tres días o treinta y tres años'…

disparidad entre lo que los hombres serían forzados a sufrir y lo que Cristo supuestamente sufrió como su sacrificio de sustitución. Esto es un problema grande para el tradicionalista que afirma la tortura perpetua como el castigo por el pecado — el castigo que según se nos ha dicho que Cristo Jesús PAGÓ DE COMPLETO."

bhr — AM confunde el *sacrificio* por el pecado que hizo Jesús (Heb. 9:28; 10:12) con el sufrir castigo eterno los malos como *consecuencia* de pecados personales no perdonados (Rom. 6:23). AM compara el sacrificio con la consecuencia, dos términos completamente distintos.

La muerte de Cristo no fue un "sacrificio de sustitución." La muerte de Cristo como sustituto por nosotros es puro calvinismo. Murió como sacrificio por el pecado. No fue hecho pecador para morir en lugar de nosotros, pecadores, y como sustituto por nosotros.

Cristo no sufrió "como tres días" (de viernes a domingo). Sufrió mental y corporalmente por horas antes de ser clavado a la cruz y ciertamente sufrió horriblemente en la horas de la crucifixión, pero al momento de morir entró aquel mismo día en el paraíso (Luc. 23:43) y no en sufrimiento continuo de tres días. ¡Cómo el falso maestro retuerce la verdad para aparentemente sostener su error!

A AM podemos preguntar si Cristo sufrió en la cruz "absoluta extinción para siempre" (cosa que él atribuye a los malos después de un poco de "tortura" en el infierno.

16. "Si el hombre es totalmente mortal, sin parte alguna que sobreviva la muerte física, como yo creo que así enseñan las Escrituras, entonces la cuestión de 'estado intermediario' entre la muerte de la resurrección ¡llega a ser insignificante!!"

bhr — Se nota que a propósito dice AM "el hombre" es totalmente mortal; no dice, el espíritu. Para él el hombre no tiene espíritu aparte del cuerpo.

AM no tiene punto acerca del hombre "*totalmente*" mortal si no hay una parte aparte de la carne (con o sin aire en sus pulmones).

Mat. 22:32 prueba que el hombre es más que pura carne con aire en los pulmones. Abraham tenía siglos de estar muerto en la

carne (su cuerpo ya hecho polvo) cuando Cristo pronunció estas palabras pero el espíritu estaba existente todavía porque "Dios no es Dios de muertos, sino de vivos." Para AM Abraham ya no existe, pero este pasaje desmiente tal idea.

TT presenta estos pasajes para exponer la falsedad de la posición de AM:

a — Mat. 17:1-3, Moisés tenía siglos de estar muerto (Deut. 34:5) pero habló con Jesús en la transfiguración. Si Moisés, al morir dejó de existir, ¿cómo pudo aparecer en la transfiguración, hablando con Jesús?

b — Sant. 2:26. Santiago no dijo que el espíritu sin el cuerpo está muerto, sino que "el cuerpo sin espíritu está muerto"

c — Ecle. 12:7, "el polvo vuelva a la tierra, como era, y el espíritu vuelva a Dios que lo dio." El espíritu se distingue del cuerpo.

d — Dan. 7:15, "Se me turbó el espíritu a mí, Daniel, en medio de mi cuerpo." Su espíritu se encontró en medio de su cuerpo pero se distinguió del cuerpo.

e — Hech. 7:60; 8:2, el cuerpo de Esteban fue muerto y sepultado, pero su espíritu se encontró en el cuidado de Dios.

f — 1 Cor. 2:11, "¿quién de los hombres sabe las cosas del hombre, sino el espíritu del hombre que está en él"? ¿Sabe el aliento cosa alguna?

g — 2 Ped. 1:13,14, "Pues tengo por justo, en tanto que estoy en este cuerpo (texto griego, tabernáculo), el despertaros con amonestación; 14 sabiendo que en breve debo abandonar el cuerpo (tabernáculo)." "Yo" y el "tabernáculo" son dos entidades separadas. Pedro no habla meramente de *aliento* dentro de un cuerpo. El dice, *"yo estoy* en este cuerpo."

h — Apoc. 14:13, "¡Bienaventurados los muertos que mueren en el Señor, de aquí en adelante! ¡así sea! dice el Espíritu; para que descansen de sus trabajos." La palabra "bienaventurados" significa "felices, alegres." Si los muertos dejan de existir, ¿cómo pueden estar felices? Pero pueden estarlo porque estarán existentes en la consolación y el confort del paraíso del Hades (Luc. 16:25; 23:43). El pasaje dice que "descansan de sus obras," no que "están dormidos en inconsciencia."

i — Jn. 19:30, "Cuando, pues, Jesús hubo recibido el vinagre, dijo: ¡Cumplido está! e inclinando la cabeza, entregó el espíritu." Entregó su espíritu pero su cuerpo se quedó un tiempo en la cruz antes de ser sepultado por José.

j. 2 Cor. 12:2-3, "Conozco a un hombre en Cristo, que hace catorce años (si en el cuerpo, no lo sé; si fuera del cuerpo, no lo sé; Dios lo sabe) fue arrebatado hasta el tercer cielo." El apóstol inspirado sabía que el HOMBRE pudiera existir sin que estuviera en su cuerpo. Así que ¡hay más en el HOMBRE que su cuerpo físico! Efes.3:16, "el hombre interior."

k. 2 Cor. 4:16, "aunque este nuestro hombre exterior se va desgastando, el interior no obstante se renueva de día en día." El CUERPO FÍSICO (hombre exterior) eventualmente morirá y descompondrá, pero el ESPÍRITU (hombre interior) seguirá viviendo (existiendo, bhr).

l. 2 Cor. 5:6-8, entre tanto que estamos en el cuerpo, estamos ausentes del Señor … más quisiéramos estar ausentes del cuerpo, y presentes al Señor." ¿Cómo podría una persona estar ausente del Señor y estar en cualquier lugar, según la enseñanza de mi oponente? ¿No está claro que cada persona tiene una existencia aparte de su cuerpo? ¡Podemos estar "presente con el Señor" aunque "ausente del cuerpo"!

m. Filip. 1:21-24, "Porque para mí el vivir es Cristo, y el morir es ganancia. 22 Mas si el vivir en la carne resulta para mí en beneficio de la obra, no sé entonces qué escoger. 23 Porque de ambas cosas estoy puesto en estrecho, teniendo deseo de partir y estar con Cristo, lo cual es muchísimo mejor; 24 pero quedar en la carne es más necesario por causa de vosotros."

Pablo dice que "el morir es ganancia." Si la muerte trae la no existencia, ¿cómo podría eso ser ganancia para Pablo? Dijo que "partir" (morir físicamente) es "muchísimo mejor." Sin embargo si de la muerte resulta la cesación de existencia, ¿cómo podría esto ser "muchísimo mejor"? … La verdad es que cuando Pablo muriera físicamente estaría en un estado MEJOR (en uno de confort en la presencia de gente justa, Luc. 16:22-25).

Hay más en el hombre que su cuerpo físico. Cuando el cuerpo está muerto, la persona todavía existe como un ser espiritual.

17. "No considero que esto sea una cuestión que tenga que ver directamente con la salvación de uno"... El concepto bíblico de 'unidad en diversidad'... tal realidad permite que tal realidad exista entre nosotros."

bhr — No es nada bíblico el concepto de "unidad en diversidad." Se nos manda "reten la forma (griego, copia; Lacueva, el modelo, o copia calcada) de las sanas palabras" (2 Tim. 1:13), y a no enseñar otra doctrina (1 Tim. 1:3; 6:3). En una diversidad de doctrinas puede haber algo de unión exterior pero no unidad. Hemos de entender a no pensar más de lo que está escrito (1 Cor. 4:6). La llamada "unidad en diversidad" también permite la doctrina de mujeres ancianas que dirijan la congregación, y que prediquen públicamente, la música instrumental en el culto de la iglesia, y otras semejantes.

18. Concerniente a la viuda de 1 Tim. 5:6 ("Pero la que se entrega a los placeres, viviendo está muerta"), AM dice: "con referencia a 'muerte espiritual' algo ha dejado de existir. Lo que ya no existe, debido a su pecado libertino y voluntario contra su Dios, es una *relación* salvadora con ese Dios. Ha sido cortada de la Misma Fuente de Vida Misma. Ella está MUERTA concerniente a la relación con la deidad; esa relación ¡YA NO EXISTE!"

bhr — Efes. 2:1 dice "cuando estabais (*vosotros*) muertos en vuestros delitos y pecados," no "cuando estaba muerta su "relación" con la deidad. El falso maestro reescribe las sagradas Escrituras. Es muy astuto.

19. TT había preguntado a AM: "Si la paga del pecado para los no redimidos es 'extinción absoluta para siempre' ¿pagó Jesús ese precio?" Luego sigue la respuesta de AM:

"La paga del pecado es la MUERTE (Romanos 6:23). Cuando uno está muerto, cesa de ser. A menos que Dios intervenga de alguna manera milagrosa, ¡esa extinción es para siempre! Cuando Jesús entregó su vida lo potencial de veras fue "extinción para siempre." Sin embargo Dios había hecho una promesa especial a Jesús de que no sería abandonado al sepulcro para siempre (Hech. 2:27). Así por el poder de Dios y por promesa especial, Jesús fue levantado de la muerte. En esencia la misma promesa es hecha a todos los hombres por el evangelio antes de sus muertes físicas. Los que NO se someten a su oferta de gracia en realidad serán resucitados, serán juzgados por su rechazo, y serán devueltos a la muerte"

bhr — AM tiene a Jesús, muerto en la cruz, cesando de existir. ¿Dios puede dejar de existir? ¿Puede dejar de ser? ¿Sufrió Jesús lo que potencialmente fue una "extinción para siempre"? ¡Qué doctrina más blasfema!

Según AM si Dios no hubiera hecho la promesa especial a favor de Jesús, el Salvador habría quedado siempre extinto. AM necesita refrescar la memoria con las palabras de Jesús en Jn. 10:17,18, "*yo* pongo mi vida, para volverla a tomar. 18 Nadie me la quita, sino que *yo* de mí mismo la pongo. *Tengo* poder para ponerla, y *tengo* poder para volverla a tomar." (Subrayo yo, o la primera persona singular del verbo). Estas palabras de Jesús, quien es Dios (Jn. 1:1), no concuerdan nada con lo que acabamos de leer arriba de la pluma de AM.

Entonces, AM no cree en la resurrección de Cristo tal como es revelada en las Escrituras, sino en alguna recreación tal como es enseñada por los testigos del Atalaya. AM debe recordar que si Cristo no ha resucitado su fe es vana y él aún está en sus pecados (1 Cor. 15:17). Recreación no es "resurrección." El "recreado" es como un gemelo idéntico, pero no es la misma persona que anteriormente murió. ¿Quién no podría entender esto?

20. **TT había preguntado a AM:** "Cree usted que la muerte de Jesús en la cruz fue la cesación de vida para la PERSONA ENTERA, y no solamente para una parte de él."

bhr — AM contestó con la palabra singular, "Sí." Vemos en la cita de AM a la pregunta en 19. arriba, "Cuando uno está muerto, cesa de ser." **La doctrina holística tiene a Jesús en su muerte en la cruz una persona entera sin vida, y cesada de ser. ¿Cómo pudo haber una resurrección de lo que ya no existiera? ¿Tuvo Dios el Padre que crear de nuevo a Jesús Dios para que ya existiendo fuera resucitado de la muerte? Recordamos a AM que Jesús en la cruz encomendó su *espíritu* al Padre y no su *cuerpo* (Luc. 23:46).**

21. AM cita a Dr. Samuele Bacchiocchi, "...la vista dualista tradicional ha sido atacada masivamente durante más o menos los últimos cincuenta años ... La cristiandad se está saliendo de un estupor y de repente está descubriendo que por demasiado tiempo ha

mantenido una vista de la naturaleza humana derivada del dualismo platónica en lugar del holismo bíblico."

bhr — Esta declaración de Bacchiocchi impugna, o ataca, el proceso de razonar de nosotros, indicando que hemos sido demasiado influenciados por el filósofo griego, Platón. También implica que los escritores inspirados de las Escrituras del Nuevo Testamento no fueron guiados por el Espíritu Santos suficientemente para poder expresarse claramente. ¿En qué pasaje se dirigieron ellos al tema de aniquilación después de la muerte? ¡En ninguno!

22. "El ser creado en la imagen de Dios significa que hemos de vernos como intrínsecamente valiosos e investidos ricamente con significado, potencial, y responsabilidades. Significa que hemos sido creados para reflejar a Dios en nuestro pensar y acciones. Hemos de ser y de hacer en una escala finita lo que Dios es y hace en una escala infinita."

bhr — Todo eso admite que el hombre es más que cuerpo físico y viento ("espíritu"), o aliento. La razón porque el hombre puede pensar y hacer es porque tiene un espíritu dentro de su cuerpo que Dios puso allí cuando creó a Adán. Seguramente un cuerpo físico solo, con o sin aire en sus pulmones, no puede pensar y sentir responsabilidades para tomar acciones. AM no admite lo más obvio al afirmar que el hombre, al morir físicamente, por dejar de respirar aire, queda totalmente muerto y deja de existir. Su doctrina de holismo no le deja admitir que el hombre tiene un espíritu dado por Dios (Heb. 12:9). Tenemos "padres de la carne" (Lacueva, y otras versiones) pero otro es el "Padre de los espíritus." Nuestros padres de la carne no nos dieron el espíritu; el espíritu es de Dios.

23. "La vista bíblica de la naturaleza del hombre probablemente se percibe de la manera mejor en Gén. 2:7 — 'Jehová Dios formó al hombre del polvo de la tierra, y sopló en su nariz aliento de vida, y fue el hombre un ser viviente.' Uno tal vez podría presentar este pasaje como una ecuación: C + A = S, Cuerpo + Aliento = Ser."

bhr — AM presenta el pasaje como si dijera que Dios sencillamente soplo aire en la nariz del hombre Adán, hecho de polvo, y a consecuencia de ello Adán comenzó a existir (ser). Si el caso fue así, ¿por qué nosotros no podemos soplar aire en la nariz del muerto y de esa manera sencilla revivirle? ¿De veras sopló Dios en la forma terrestre de Adán simple aire como el que todos los vivos respiramos? ¡Claro que no! Dios no respira el aire que los hombres respiramos. Dios es espíritu (Jn. 4:24). Siendo el Padre de los espíritus (Heb. 12:9), en la nariz de Adán recién creado "sopló" de lo que Dios es; le dio un espíritu (Zac. 12:1). A consecuencia de darle un espíritu, Adán vino a ser un "ser viviente." Cuando el espíritu deja el cuerpo físico, hay muerte física (Sant. 2:26) y la persona deja de ser "ser viviente." Una persona viva es combinación de cuerpo y espíritu (Mat. 10:28). A esto lo llama AM "dualismo," ¿y qué? ¿Según Jesús no son dos entidades el cuerpo y el alma (espíritu)? El hombre puede matar el "alma" en sentido de vida física pero no en el sentido en que habla Cristo en este pasaje, porque emplea la palabra "alma" en sentido de espíritu.

Dice AM, "Dios animó al cuerpo físico por medio de poner dentro de él 'aliento de vida'." **Pero lo que Dios sopló y el aire que el hombre respira no son la misma cosa. Por eso el hombre no puede bombear aire en los pulmones del muerto y darle vida. AM supone que lo que Dios en la creación sopló es el aire que el hombre respira en la vida.**

24. "El cuerpo del hombre está animado y sostiene vida mientras mora en él el aliento. En otras palabras, un cuerpo que respira es un cuerpo vivo; un cuerpo en que ha cesado por un tiempo extendido el respirar es un cuerpo *muerto*. Dios animó al cuerpo físico por poner en él el 'aliento de vida'. La vida es un don del Dador de Vida. Él también puede quitarla. Sal. 104:29, hablando de animales, declara que 'Escondes tu rostro, se turban; Les quitas el espíritu/hálito/, dejan de ser, Y vuelven al polvo'. Cuando el aliento parte del cuerpo, el cuerpo vuelve al polvo. Salomón apunta al hecho de que los hombres y los animales 'todos tienen el mismo aliento/espíritu' (Ecle. 3:19)."

bhr — **AM niega que el hombre tenga en su cuerpo un espíritu que pueda dejar el cuerpo y seguir existiendo. Por eso emplea la frase "aliento/espíritu." El cree que el espíritu es solamente aire o aliento. No quiere decir "espíritu" solo. Sal. 104:29 no dice "espíritu/hálito."**

El cuerpo del hombre respira porque el espíritu está en él; cuando el espíritu sale del cuerpo, el cuerpo deja de respirar y re-

sulta la muerte. Cuando los ángeles vienen a uno a pedirle su alma, esa persona muere (Luc. 12:20). No piden alientos.

Sal. 104:29 no dice que Dios quita el "espíritu/hálito." Tal es el lenguaje de AM. Ecle. 3:19 no dice que los hombres y los animales tienen "el mismo aliento," sino, según el texto del Septuaginta, "un espíritu a todos." Todos tienen espíritu, hay un espíritu por cada cuerpo, pero no es el mismo en todos. El pasaje no trata de respiración física de aire común. Después de dos versículos en seguida se habla del espíritu del hombre que sube arriba y el del animal que desciende abajo a la tierra. ¿Cómo pueden ser *el mismo* espíritu (de la misma clase)? ¿Dirá AM que los animales fueron hechos "a la imagen de Dios" (Gén. 1:26)? Si así fuera, entonces tanto los animales como el hombre serían la imagen y semejanza de Dios en sentido físico-espiritual, según el holismo.

25. AM insiste fuertemente en que Luc. 16:19-31 es nada más que una parábola "probablemente basada en conocimiento tradicional, representando la verdad eterna que nuestros destinos eternos son determinados por nuestras acciones y actitudes en este vida, y que la suerte de uno es fijada para siempre en la muerte. El fabricar con este pasaje una teología acerca de espíritus incorpóreos, de prisiones de un hades, y de la tortura perpetua de los inicuos, es un abuso sin conciencia de la interpretación bíblica y debe ser rechazada por todo discípulo determinado a discernir y declarar la Verdad en lugar de perpetuar los principios pesados de la tradición pagana."

bhr — Cito estas palabras de AM para mostrar las tácticas carnales que él emplea como lo hace todo falso maestro para apoyar su caso erróneo. No tiene la verdad y por eso tiene que procurar engañar con "palabras persuasivas" (Col. 2:5) y con "suaves palabras y lisonjas" (Rom. 16:18), mientras representa mal a su oponente. Notemos estos puntos:

a — Admite que su acusación es solamente una probabilidad. ¡Qué base más frágil para rechazar la posición del oponente! ¿Basó Cristo su "parábola" en un mito de incrédulos?

b — Lo que él no quiere creer tiene que ser de tradición común. ¡Qué gracioso es el hermano! Es fácil tirar epítetos.

c — No hay nada de "tortura perpetua" o eterna en estas palabras de Jesús en Lucas 16.

d — Impugna los motivos de sus oponentes, acusándoles de abusar sin conciencia la interpretación que *él* da a este pasaje, de no discernir y declarar lo que él dice que es la verdad, y de perpetuar "principios pesados de la *tradición* pagana." **¡Qué amoroso es el hermano!** Trata de asustarnos, pero sin éxito.

26. **Notaremos el pobre esfuerzo que hace AM sobre el ladrón en la cruz, a quien dijo Jesús, "hoy estarás conmigo en el paraíso" (Luc. 23:43).**

"El argumento por los tradicionalistas es que este versículo nos asegura que el ladrón penitente estaría con Jesús "en el paraíso" ESE MISMO DÍA!"

bhr — Bueno, ¿no es lo que dijo Jesús? ¿Podemos negar esta verdad dicha por Jesús? (Más abajo veremos la explicación que AM da a la expresión "hoy"). Pero él sigue, diciendo:

"Dado que el *cuerpo* del ladrón probablemente fue puesto en el *sepulcro* ese mismo día, y dado que no fue resucitado, ellos concluyen que a lo mejor fue su *alma/espíritu* lo que fue al Paraíso aquel día. Esto, declaran ellos, *prueba* la existencia consciente de algún espíritu-ser atrapado dentro del cuerpo físico de alguien que es librado para una existencia mayor por medio de su muerte física.

Es interesante notar (y casi todos aparentemente ignoran este punto) que el ladrón pidió ser acordado ¡*cuando* Jesús viniera *en/para Su reino*! ¿Cuándo exactamente hubiera sido eso? ¿Fue esto el día de Su muerte y entierro? La mayoría de los eruditos diría que *no*. La mayoría declara que la victoria no fue verdaderamente ganada hasta cuando menos el tercer día cuando Jesucristo *resucitó de los muertos*. Aun otros declararán que no fue sino hasta la ascensión varias semanas después de eso. Aun otros apuntarán al día de Pentecostés, o aún a la *Parousia*, como la última venida del reino. Pero casi nadie sugiere que nuestro Señor viniera en o para Su reino el día de Su muerte. Así, algunos eruditos ve un problema ya pronto en la interpretación tradicional de esta declaración por Jesús: ¿cómo se dirigió fielmente a la petición del ladrón agonizante en la cruz con respecto a la venida del reino?

bhr — Este falso maestro a propósito confunde dos puntos completamente diferentes: el tiempo de la venida del reino de Cristo, y la promesa que Cristo prometió a aquel ladrón luego en el

día de morir. "Hoy," no tiempo después, dijo Jesús que los dos estarían en el paraíso. ¿Quiso Jesús decirle que aquel día los dos serían sepultados? ¿Hay paraíso en el entierro? Si el paraíso es el sepulcro, ¿qué hay de atracción deseada en ese lugar? El otro ladrón también murió y fue sepultado al mismo tiempo que el penitente; ¿entró él también en el paraíso? ¿Sí, o no?

Jesús dijo que algo pasaría para él y el ladrón penitente AQUEL DÍA. Ese ladrón estaría con Jesús en un lugar designado como "paraíso" por la atracción del lugar. Al tercer día Jesús resucitó del lugar designado como "Hades" (Hech. 2:27,31). El Hades tiene un lugar de reposo, de consolación (Luc. 16:25). Con razón dijo Jesús "paraíso." Un paraíso será "paraíso" para aquel que está consciente a él, y si el cuerpo está en el sepulcro y no hay nada más aparte del cuerpo, entonces Jesús le mintió al ladrón arrepentido.

Ese ladrón que confesó su creencia en Jesús de tener un reino venidero, por haber sido perdonado por Jesús entró con Jesús en el paraíso y eso implicaría que como uno salvado sería parte del reino de Cristo cuando viniera aquel reino el día de Pentecostés, pues el reino de Cristo es su iglesia, el conjunto de los salvos.

Los tres crucificados fueron sepultados aquel día. A AM pregunto: ¿fueron los tres al mismo lugar? ¿Quiénes fueron al paraíso, y quiénes no? Es que AM no cree en el Hades como descrita en Lucas 16. Para él es nada más el sepulcro. Tampoco cree que el espíritu del hombre pueda existir aparte del cuerpo. Por eso este pasaje en Luc. 23:43 presenta tanto obstáculo para él. Su forzada interpretación se nota como miserable. Tal es la teoría del holismo.

27. "La palabra 'Paraíso', como se usa en las escrituras del Nuevo Testamento, obviamente se refiere a la morada eterna de Dios (lo que generalmente designamos como 'Cielo')."

bhr — Acabamos de leer el "ipse dixit" de AM. La palabra no se refiere EXCLUSIVAMENTE al cielo. El cita dos pasajes, 2 Cor. 12:4 y Apoc. 2:7, (en que se hace referencia al cielo por medio del término "paraíso") y por eso supone que el otro pasaje, Luc. 23:43, se refiere también al cielo.

AM mismo presenta otros varios textos en la Biblia en que se emplea el vocablo pero ¡no los aplica al cielo! "Paraíso" no es una designación exclusiva y singular de un cierto lugar, sino una para ciertos lugares, reales o figurados, que presentan cuadro de placer, contentamiento y confort. Adjunto aquí un artículo breve que aparece en INTERROGANTES Y RESPUESTAS, # 485 (véase en mi sitio web, billhreeves.com):

"**12:4 — "que fue arrebatado al paraíso."** Lo que Pablo en el ver. 2 llama "el tercer cielo" aquí lo llama "el paraíso."

La palabra griega para decir Paraíso, PARADEISOS, aparece en el Nuevo Testamento solamente aquí, en Luc. 23:43, y en Apoc. 2:7.

Esta palabra es de origen oriental, significando un parque encerrado como los que tenían los reyes persas y otros nobles. A la mente oriental significaba la totalidad de bienaventuranza. En el Antiguo Testamento, en la Versión de los Setenta, aparece en Gén. 2:8 y en 3:1,2 con referencia al huerto de Edén (como también en Ezeq. 31:8,9). Véanse también Neh. 2:8 (bosque); Ecles. 2:5 (huerto); Cantares 4:13 (paraíso).

En Luc. 23:43 la referencia se hace al lugar o estado (en el Hades, Luc. 16:22-26) en que las almas de los salvos, encomendadas al cuidado de Dios (Luc. 23:46), esperan el día de la resurrección. (Recuérdese que Cristo no ascendió al Padre aquel día; no fue al "cielo," Juan 20:17).

En Apoc. 2:7 la palabra griega PARADEISOS se usa figuradamente para indicar el lugar de supremo gozo y salvación para los redimidos. Es figura del cielo donde mora Dios." (fin del artículo)

Claramente el término "paraíso" no se limita en su aplicación solamente al cielo, la morada de Dios.

Sin duda el lector de esta obra mía estará pensando: ¿Cómo puede AM afirmar que el paraíso es el cielo pero también admite que Jesús no fue al cielo aquel mismo día referido en Luc. 23:43? La respuesta la tenemos en el siguiente punto #28. Para AM es cuestión de ¡nueva puntuación (o, repuntuación)!

28. "Así, ¿cómo trataremos el "problema" aparente surgido por los tradicionalistas cuando citan Lucas 23:43? 'De cierto te digo, hoy estarás conmigo en el Paraíso" (NASB). La solución muy sencilla es hallada en un obvio *error de puntuación*. Es importante guardar presente que los primeros manuscritos griegos del texto del NT *NO* contenían puntuación … pasarían muchos centenares de años antes que

se añadiera puntuación al texto del Nuevo testamento, y esto sería hecho por hombres no inspirados y con prejuicios teológicos.

El significado entero de Lucas 23:43 literalmente depende de ¡la colocación de una coma singular (una coma colocada por hombres falibles)! En el pasaje de Lucas 23:43 tradicionalmente la coma es puesta ante la palabra 'hoy' (Y Jesús le respondió: En verdad te digo, que hoy estarás conmigo en el Paraíso— Ver. Mod.) **bhr — Empleo la versión Moderna porque la Valera 1960 no inserta una coma en ninguna parte. El texto griego dice palabra por palabra: *De cierto te digo hoy conmigo estarás en el paraíso.***

Sin embargo considérese la alternativa siguiente: El significado entero de Lucas 23:43 literalmente "De cierto te digo hoy, tú estarás conmigo en el Paraíso." Por mover la coma a una posición después de la palabra "hoy," uno cambia el sentido de la frase de tal manera que ya no contradice el resto de la doctrina bíblica sobre la naturaleza del hombre y su destino eterno. Gramaticalmente *cualquier* colocación de la coma técnicamente es correcta en la lengua griega. Por lo tanto hay tanta justificación gramatical para la colocación de la coma *después* de "hoy" que para la colocación de ella *antes* de aquella palabra. Los prejuicios teológicos de los primeros traductores (influidos por las doctrinas paganas de almaísmo inmortal y espacios subterráneos de dicha y de tormento) les instaron a escoger una colocación de la coma que les pareciera apoyar sus propios conceptos de la naturaleza del hombre y su último destino. Sin embargo, el problema con esa selección de colocación de coma es que ¡contradecía el resto de la Palabra de Dios sobre el tema! Un asunto simple de *repuntuación* (como este proceso ha llegado a ser caracterizado) soluciona el problema y devuelve este versículo a ponerle en armonía con la enseñanza bíblica.

Este pasaje de ninguna manera enseña que el ladrón fue a estar con el Señor en Paraíso *aquel día*. Al contrario el Señor sencillamente aseguró a este ladrón que de cierto estaría con Él en Paraíso. ¿Cuándo sucederá esto? Cuando el ladrón es resucitado ¡en ese último gran día!

bhr — Algunas observaciones sobre la "solución" de AM:

a — Sigue su prejuicio al etiquetar a su

oponente con el término "tradicionalista." Empleando la misma táctica se podría etiquetar toda declaración de él como del "condicionalista," pero tácticas carnales no prueban nada, pero sí logran cerrar mentes a una consideración honesta de la argumentación de otro. El falso maestro siempre emplea tales tácticas ("palabras persuasivas," Col. 2:4).

b — Es cierto que los manuscritos originales no llevaban signos de puntuación, pero la frase de AM que dice que la solución se halla en "un obvio *error de puntuación*" es un "ipse dixit" de él por estar hundido en el holismo. Al seguir leyendo su defensa de "repuntuación" vemos que no establece su reclamo de "error" en la puntuación.

c — AM acusa de "prejuicios teológicos" a quienes no están de acuerdo con sus posiciones. ¡Etiquetas desagradables! ¿Quién no puede tirarlas?

d — AM admite que el texto griego permite que la coma se coloque o antes o después del vocablo "hoy." El ha decidido dónde ponerla de acuerdo con su amada doctrina de holismo, y su oponente nada más sigue prejuicios teológicos. ¡Qué amable es nuestro hermano! Él admite que la coma puede quedar antes o después; así que hasta que él pruebe su doctrina holista, no puede ser dogmático sobre dónde poner la coma. ¡No tiene solución! Una pregunta que él debe contestar: ¿Por qué piensa que Cristo estuvo informando al ladrón que le estuvo diciendo algo "hoy" y no otro día? ¿No sabía el ladrón que Cristo le estuvo hablando en ese mismo día, y no en otro? En un dado contexto puede haber razón en dar énfasis a decir "hoy," pero ¿qué hay en la respuesta de Jesús a la petición del ladrón que Jesús le informara que necesariamente estuvo contestándole en ese mismo día y no en otro?

Un ejemplo que AM presenta de la coma después de la palabra hoy es Hech. 20:26, pero el caso en el texto griego no es nada paralelo. Aquí la frase contiene cuatro palabras; en Luc. 23:43 solamente una. Pablo dio la razón ("por tanto") de decirles "en el día de hoy" en el versículo anterior, el 25.

¿Dónde pondría la coma AM en estos pasajes que dicen "hoy," antes o después?—Mar. 14:30; Luc. 4:21; 22:34; Sant. 4:13.

e — AM admite que la coma cabe bien, según el texto griego, antes o después de "hoy" pero para defender su holismo AM tiene que insistir en que la ÚNICA colocación es de después de "hoy." Para la doctrina de él, ¡no hay otra colocación permisible! Ciertamente fue aquel mismo día, "hoy," que Jesús dijo esas palabras al malhechor. ¿Para cuál otro tiempo se lo estaría diciendo? Jesús estuvo consolando al malhechor en agonía que estuvo a punto de morir al decirle de una estancia en el Paraíso aquel mismo día. Jesús no fue al cielo aquel día, llevando al malhechor consigo. Jn. 21:17 hace claro que no ascendió al cielo hasta semanas después de su resurrección.

f — El ladrón pidió ser acordado al venir el reino de Cristo, no de irse al cielo algún día. No sabía nada de un paraíso disponible aquel mismo día de estar muriendo en la cruz. Jesús le promete algo para ese mismo día, eso de estar con él en el Paraíso. Jesús encomendó su espíritu al Padre, y murió. Más tarde aquel día su cuerpo fue sepultado por José de Arimatea, pero al morir, su espíritu en seguida de salir de su cuerpo fue a donde al tercer día de allí salió resucitado. Ese lugar se llama Hades, con sus dos espacios separados por una cima grande. Jesús no estuvo sufriendo esos tres días, sino estuvo en reposo, condición bien descrita por el término "paraíso." El ladrón estuvo con él, dice Jesús. ¡La coma está bien colocada!

g — AM pregunta: "¿Cuándo sucederá esto? Su respuesta: "Cuando el ladrón es resucitado ¡en ese último gran día!" Esta respuesta errónea se basa en el error de que la palabra "paraíso" sea el término exclusivo y único para decir "el cielo." Tal es la suposición de AM. Ya hemos visto que este término, con su idea principal de lugar de gran contentamiento y placer, ha tenido en las Escrituras muchas diferentes aplicaciones. Véase # 27 arriba.

29. "En mi discusión de la parábola del rico y Lázaro, yo había notado la siguiente objeción a una interpretación literal: 'Enseñaría que el juicio y el castigo de los muertos ha sucedido ¡antes de la resurrección y juicio en aquel gran día final!' Sin embargo, Tomás, aparentemente cree que bien puede haber dos días separados de juicio con subsecuentes premios o castigos: uno el día de la muerte física de uno, el otro en la venida del Señor en Juicio en el día final."

bhr — Este argumento de AM es típico en su debate con TT: mal representa a su oponente. Es más; no entiende bien el propósito del Juicio Final. TT no cree en "dos días separados de juicio con subsecuentes premios o castigos." Al morir la persona tiene sellado su destino eterno al hallarse en el día de su muerte en uno de dos *condiciones o estados* en el Hades, sea de tormento o de consolación. Así espera el gran día final descrito en Mat. 25:31 y sig. El inicuo en el Hades no ha sido juzgado formalmente delante del Juez (Hech. 17:31) y no ha recibido su castigo designado (2 Tes. 1:9; Mat. 25:41). No ha sido sentenciado formalmente delante del Padre (Mat. 10:33; Luc. 12:9). El justo en su muerte es consolado en el Hades pero no recibe allí su "premio" o galardón que es la vida eterna (Mat. 25:46). Allí no recibe su sentencia formal delante de Dios y de los ángeles (Apoc. 3:5; Mat. 25:34). El Día del Juicio Final será la gran ocasión para la vindicación de la obra de redención obrada por Cristo y la predicación del evangelio, y esto delante de la reunión de todas las naciones de todo tiempo. No hay comparación entre la espera de espíritus en el Hades y lo que ha de pasar después cuando la muerte y el Hades entreguen los muertos para el gran juicio final (Apoc. 20:13,14).

30. "Uno de los pasajes a que típicamente apelan los 'almaistas inmortales' ... es Apoc. 6:9-11 ... "Y cuando abrió el quinto sello, ví debajo del altar las almas de los que habían sido muertos a causa de la palabra de Dios, y a causa del testimonio que mantenían: 10 y clamaban a gran voz: ¿Hasta cuándo, oh Soberano nuestro, el fiel y el verdadero no juzgas y tomas venganza de nuestra sangre, en los que habitan sobre la tierra? 11 Y les fue dada, a cada uno de ellos, una ropa blanca; y se les dijo que descansasen todavía un poco de tiempo, hasta tanto que se cumpliese el numero de sus consiervos también, y de sus hermanos, que hubiesen de ser muertos, así como ellos."

bhr — AM a través del debate ha etiquetado mal a sus oponentes; ahora les llama "almaistas inmortales." ¿Quiere él que le sigamos en esta táctica carnal, llamándole "probador por medio de citar a sectarios no cristianos," o algo semejante? Pero ahora notemos cómo abusa al pasaje que le estorba en su doctrina holista, Apoc. 6:9-11. Él escribe:

"Este pasaje no describe 'almas inmortales' literales que hayan sido consignados a algún lugar debajo de un altar gigante en el "mundo de espíritus" por centenares y miles de años, y que lancen un grito a Dios por venganza. A fin de cuentas, esto no sería buena recompensa por su fidelidad hasta el punto de muerte. Al contrario es un *símbolo, figura, o representación* del hecho de que la sangre derramada de servidores fieles siempre está delante de nuestro Dios como un testimonio de su sacrificio mayor, 'lanzando un grito a Él' por venganza. Y que la sangre derramada será vengada."

bhr — ¡No es cuadro de personas mal recompensadas por sus sacrificios como mártires, sino de almas (consolados en el Hades, ver. 11, una "buena recompensa") con ansias queriendo ver cuándo su sangre injustamente tomada sea vengada en justicia. Es una reacción normal, considerando los hechos del caso.

AM afirma que la muerte física de la persona resulta en extinción de ella. Así que, según él, estas almas en realidad ¡no existían! AM afirma que el hombre no tiene alma, sino que si la persona no está muerta tiene vida y la vida es alma. Cuando uno muere ya no tiene vida; o sea, alma. Pero Juan no vio VIDAS de algunos, sino almas de muertos que simbólicamente gritaban un mensaje. Esas almas existentes representaron el estado muerto de personas que habían sido muertos como resultado de su fidelidad a la Palabra de Dios.

Cito de mi comentario, NOTAS SOBRE APOCALIPSIS:

"6:9 — Cuando abrió el quinto sello, vi bajo el altar las almas de los que habían sido muertos por causa de la palabra de Dios y por el testimonio que tenían —

El Cordero abre el quinto sello, y así revela el reposo gozado por las almas de los mártires, y la razón por qué hay una demora en su venganza. (El segundo sello indicó su martirio. Antipas fue uno de ellos; 2:13).

— **vi bajo el altar** — Es donde era echada la sangre de los animales sacrificados (Levítico 4:7). Cristo es nuestro "altar" (Hebreos 13:10), y por su causa algunos han sido sacrificados (por ejemplo, 2 Timoteo 4:6).

— **las almas de los que habían sido muertos** — Dice Levítico 17:11, "Porque la vida de la carne en la sangre está." El hombre tiene alma; los Testigos de Jehová enseñan lo contrario. En la sangre está la vida de la carne, pero el alma es otra cosa. Ellos habían sido muertos porque defendían el evangelio de Cristo. Su sangre había sido derramada. Murieron, pues la vida de la carne en la sangre está. Pero ¡no dejaron de existir! ¡No fueron aniquilados y olvidados! Juan vio sus almas, y oyó sus voces y lo que decían.

Ellos se refirieron a los que "moran en la tierra" (versículo 10), porque ellos estaban en el Hades, donde moran las almas hasta la resurrección (véase 6:7,8, comentario). ¡Estaban conscientes! La muerte del cuerpo no es el fin de la existencia de uno, porque el hombre es más que cuerpo y respiración. Este pasaje es un golpe de muerte a la doctrina del materialismo de que el alma "duerme" y por eso no siente ni sabe nada.

6:10 — Y clamaban a gran voz, diciendo: ¿Hasta cuándo, Señor, santo y verdadero, no juzgas y vengas nuestra sangre en los que moran en la tierra?

— Y clamaban a gran voz ... en la tierra. — Sabían que la Justicia Divina les vengaría, pero no entendían por qué la venganza se demoraba. La razón se les dio en el versículo siguiente.

No pedían venganza personal, sino que viniera el día de la justicia de Dios cuando los malos serán castigados. Sabían que a Dios le toca la venganza (Romanos 12:19; Lucas 18:7,8). Véanse también Génesis 4:10; 18:25; 2 Tesalonicenses 1:6; Hebreos 10:34.

6:11 — Y se les dieron vestiduras blancas, y se les dijo que descansasen todavía un poco de tiempo, hasta que se completara el número de sus consiervos y sus hermanos, que también habían de ser muertos como ellos —

— vestiduras blancas — símbolo de pureza y victoria sobre el pecado, porque habían sellado su testimonio con su sangre (muerte física). Véanse 3:4; 4:4; 7:9,13; 19:8.

— se les dijo que descansasen — Véanse 14:13; Lucas 16:23-25. Las almas de los justos reposan en el Hades hasta el Juicio Final.

— un poco de tiempo, hasta ... como ellos — Véase 1 Pedro 5:9. La iglesia se encontraba en un período de persecución de parte de la Roma pagana. Los que ya habían experimentado el martirio descansarían por un poco de tiempo, mientras otros les seguirían en la muerte. Ese poco de tiempo terminó cuando cayó la Roma pagana y perseguidora (en el tiempo de Constantino). Este plazo de tiempo corresponde al "poco tiempo" de 12:12.

Cristo reveló a sus santos perseguidos la razón de la demora aparente en no vengarles de una vez, ya en el mismo tiempo de estar siendo sacrificados en el martirio. Pero pronto los perseguidores serían sumariamente castigos; sería después de ese "poco de tiempo."

fin de la cita

bhr —El "altar" del ver. 9 fue simbólico pero sí existía un altar literal para simbolizarse, porque siempre lo simbólico proviene de un antecedente literal. De igual manera eran literales las referidas almas aunque el mensaje dado en este pasaje fue simbólico o pictórico. Si el altar era una realidad para poder simbolizar, también son las almas de este pasaje una realidad. "La palabra de Dios" de este pasaje era y es una realidad como también las almas que tenían testimonio de ella. La "sangre" del ver. 10 fue literal, la que esos mártires habían derramado. Ella tenía un mensaje simbólico; a saber, muerte por la causa de Cristo. El ver. 11 habla de otros que serían muertos. Pregunto: ¿qué simbolizan ellos? ¿Se habla de que ellos también llegarían a ser extintos? ¡Qué gran consolación ofrece AM!

Toda aplicación simbólica tiene que tener alguna realidad para sugerirla. Objetos (cadena), animales (león, cordero), y almas (personas existentes o espíritus incorpóreos) son realidades que simbólicamente pueden sugerir ciertas cualidades peculiares; por eso pueden ser usadas simbólicamente.

31. Comentarios sobre 1 Peter 3:18-20 por AM:

"Mi propia interpretación, y la que pienso que mejor cabe en el contexto, y que mejor armoniza con el resto de las Escrituras es ésta: proclamando las 'buenas nuevas' por las portavoces de Dios. Entre esos proclamadores del Antiguo Testamento según Pedro era Noé. Así, Cristo estuvo predicando a esa gente *antes* de sus muertes físicas, antes de venir el diluvio, *por medio de Noé.*

Como último análisis creo que la vista que mejor armoniza con las Escrituras es el que declara que el Espíritu de Cristo, hablando *por* Noé, predicó a aquellos que estaban en la esclavitud de pecado.

bhr — El texto no dice que predicó "a aquellos que estaban en la esclavitud de pecado," sino "a los espíritus encarcelados." Cito de

mi obra NOTAS SOBRE 1 PEDRO que aparece en mi sitio web, billhreeves.com:

"3:19 — "en el cual también." Aquí la frase se usa en el mismo sentido como en el ver. 18; es decir, "en la esfera de espíritu" (y no en la esfera de carne). Dios en cuanto a naturaleza es espíritu (Jn. 4:24). En esta naturaleza Cristo fue y predicó. Dice Gén. 6:3 que el espíritu de Dios contendía con el hombre, pero que no iba a hacerlo indefinidamente.

—"fue y predicó a los espíritus encarcelados." ¿Cuando hizo esto? El próximo versículo nos dice cuándo lo hizo; es decir, en los días de Noé. Cristo fue y predicó a quienes en el tiempo de escribir Pedro eran espíritus encarcelados, porque después de morir en la época de Noé (tal vez por el diluvio), ahora sus espíritus estaban guardados o custodiados en el Hades, su "cárcel." (La palabra "cárcel" implica lugar de detención y constreñimiento — Hechos 5:19; 2 Cor. 6:5). Ahora eran espíritus sin cuerpo (como en Heb. 12:23, espíritus incorpóreos).

Cristo, como espíritu, fue y predicó a gente rebelde, haciéndolo por medio del predicador de justicia, Noé (2 Ped. 2:5). El espíritu de Cristo estuvo en todos los profetas de Dios del Antiguo Testamento (1:11). En el mismo sentido dice Efes. 2:17 que Cristo predicó a los gentiles (los que estaban lejos), aunque literalmente no lo hizo en persona, sino que lo hizo por sus apóstoles escogidos, inspirándoles y acompañándoles (1:11; Mar. 16:20; Heb. 2:4).

Pedro sigue con el punto del contexto. Dice que Cristo es nuestro gran ejemplo. Fue en (la esfera de) espíritu en los días de Noé, y predicó por medio de su escogido heraldo, Noé, a aquellos desobedientes (que ahora que Pedro escribía se encontraban guardados en el Hades). Como Cristo hizo esta obra entre los malos con toda paciencia, así nosotros hoy en día debemos hacer la nuestra entre ellos, aun siendo a veces rechazados y hasta perseguidos.

3:20 — "los que ... arca." Dios es paciente (2 Ped. 3:9), no queriendo que nadie perezca. Por 120 años, el tiempo de la construcción del arca, Cristo en espíritu predicaba a los antediluvianos por medio del pregonero, Noé. Durante ese tiempo los hombres eran desobedientes, rechazando la gracia de Dios, su salvación de la destrucción venidera por medio del arca. Noé era predicador de justicia, pero ellos, al rechazar su mensaje de arrepentimiento, eran desobedientes respecto a la justicia. Noé por su fe les condenó (Heb. 11:7) porque su fe obediente era lo contrario del estilo de vida de ellos. Se sentían como condenados por Noé.

La predicación que se les hizo fue hecha durante el tiempo de su desobediencia, cuando tenían tiempo y oportunidad para arrepentirse; es decir, durante su vida sobre la tierra. Según la Biblia, toda predicación es hecha a vivos, y ¡nunca a muertos!"

fin del artículo

bhr — Este pasaje da problema a AM porque su Holismo no le permite admitir la existencia del espíritu ahora fuera del cuerpo que antes habitaba. De hecho habla poco acerca de espíritu, sustituyendo "alma" que para él es solamente "vida," y que cuando la persona muere ya no hay alma; todo queda extinguido.

32. "Otra narración a que apelan los Tradicionalistas en un esfuerzo vano para probar el "Almaísmo Inmortal" se halla en 1 Samuel 28." Este es el cuento de buscar el rey Saúl a la "Bruja de Endor" y de la aparente aparición de Samuel desde el sepulcro. Algunos ha apelado a este evento para sugerir la existencia consciente del "alma inmortal" o "espíritu que nunca muere" en alguna localidad más allá de esta esfera física. ¿Es eso lo que verdadera y únicamente sugiere esta narración? O ¿hay otras posibles interpretaciones para este pasaje en la Biblia que se admite como difícil?"

bhr — AM sigue representando mal a sus oponentes. Ya se ha explicado que el alma no es inmortal, pues puede "morir," siendo *separado* (que es muerte espiritual) de la comunión con Dios (Mat. 25:41; 2 Tex. 1:9).

Solamente el aniquilacionista halla dificultad con este pasaje porque no quiere admitir que el espíritu del hombre sigue existente y consciente aun cuando incorpóreo. El pasaje enseña que Samuel, cuyo cuerpo físico tenía tiempo de estar muerto, apareció en espíritu y habló con Saúl.

AM sugiere que Dios no obraría por medio de una mujer bruja, pero le conviene leer Isa. 10:5-11; 45:1; o Rom. 9:17.

Él afirma que Samuel pudo haber sido resucitado corporalmente por Dios para la ocasión, (porque niega la existencia del espíritu fuera del cuerpo) pero según él en la muerte la persona deja de existir. AM tiene a Dios *recreando* a Samuel *aniquilado* en

el polvo para luego resucitarle de los muertos para aparece *en cuerpo* para hablar con Saúl. La imaginación y suposiciones de AM no tienen límite. Mejor es ni preguntarle a AM sobre una explicación de Moisés y Elías hablando con Jesús (Mat. 17:3).

Como mencionado antes, no se dice nada acerca de conversación de Saúl directamente con Samuel mismo, sino la investigación fue *dirigida a*, y la dirección *procedió de* la médium (1 Crónicas 10:13-14). **bhr — No, no es cierto. Samuel y Saúl se comunicaron directamente (1 Sam. 28:15-19).**

De hecho, 1 Samuel 28:6 revela claramente que Dios había escogido no responder a Saúl *por ningún medio*. 'Y Saúl consultó a Jehová; mas Jehová no le respondió, ni por sueños, ni por Urim, ni por profetas'. Dios *no estuvo hablando a Saúl* en este punto de la vida de Saúl. Esto se echa de ver de nuevo en vv. 15,16 donde ambos Saúl y "Samuel" revelan claramente *que Dios se había apartado de Saúl y que ya no hablaba con él por NINGÚN medio*. Por eso ¿no parece un poco raro que de repente Dios decidiera hablar a Saúl por una 'bruja', o por uno supuestamente resucitado de la muerte (Samuel), dado que no le hablaría por uno de los medios normales accesibles a Saúl?

bhr — Los falsos maestros siempre surgen preguntas escogidas para implantar duda en el oyente, o lector. El texto inspirado no dice que Dios no hablaba a Saúl por "NINGÚN medio," sino que "no le respondió ni por sueños, ni por Urim, ni por profetas" (ver. 6). Luego Saúl buscó hablar *con Samuel* (ver. 15) por medio de la adivina de Endor y *Dios permitió que sucediera* (pero Dios no habló a Saúl directamente. AM en una parte de su debate admitió la posibilidad de que Dios hubiera intervenido en el evento ("Sí, ciertamente es *posible* que Dios *hubiera podido* resucitar a Samuel y le enviara a Saúl").

Lo dicho en 1 Crón. 10:13,14 no fue para repetir el evento en forma completa, sino solamente para declarar que el destino de Saúl resultó de su rechazo de la Palabra de Dios.

Es obvio que la muerte no es extinción. Samuel no fue aniquilado. Su cuerpo fue sepultado pero Dios permitió que la adivina le llamara desde el Hades a aparecer en espíritu para hablar con Saúl. Por este motivo, en el tiempo de Moisés, Jehová seguía siendo el Dios de Abraham, el Dios de Isaac y el Dios Jacob (Mat. 22:32).

33. "Vuestro atavío no sea el externo de peinados ostentosos, de adornos de oro o de vestidos lujosos, 4 sino el interno, el del corazón, en el incorruptible ornato de un espíritu afable y apacible, que es de grande estima delante de Dios" (1 Pedro 3:4). "Por alguna razón desconocida algunos ven la doctrina de 'almaísmo inmortal' en este pasaje.

bhr — AM a través de su debate insiste en representar mal a su oponente al emplear la frase "almaísmo inmortal." Varias veces he descubierto la falsedad de tal frase. Con la astucia del falso maestro AM pregunta: "¿Dónde en la Biblia se halla tal y tal frase? Preguntamos: ¿Dónde en la Biblia se halla la frase "alma/vida?" ¿Dónde en los escritos de TT en este debate dice él "almaísmo inmortal"? AM necesita tomar una dosis de su propia medicina.

Uno descubrirá pronto, si hace su investigación, que los eruditos más estimables miran a este pasaje (1 Pedro 3:4) como nada sino una declaración sobre *la cualidad perdurable de virtudes cristianas*. La Biblia está repleta de referencias al hecho de que las *características piadosas son perdurables*.

bhr — La cuestión que estamos discutiendo no es acerca de características perdurables, sino ¿en dónde residen? ¿En el cuerpo físico que todo hombre vivo en el mundo tiene? O ¿en el aliento de todo hombre vivo en el mundo (pues todos tienen aliento; todos respiran)? No, sino residen en el *espíritu del hombre de Dios*. Esto lo niega AM. Pedo habla de la cualidad del corazón de uno. ¿Dónde en el cuerpo físico de carne, o en su aliento o aire que respira, puede uno hallar el "corazón" del cual habla Pedro en 1 Ped. 3:4?

Es una cualidad del corazón de uno. **bhr — ¿Dónde en la carne del hombre se encuentra un corazón? ¿Se encuentra en el aliento de sus pulmones?** Las Escrituras señalan, como Pedro simplemente se concuerda con ello, que ¡tales *cualidades* piadosas (ya que Dios es amor) *perduran*! Así que con *éstas* debe la mujer (y aun el hombre también) adornarse. **bhr — ¿Es la "se" (de adornarse) el cuerpo físico, o es el aire que ella respira?** Pedro está tratando de hacernos reconocer dónde deben nuestro enfoque y prioridades plantarse; es decir, en el desarrollar nuestras cualidades *interiores* en lugar de adornar nuestro cuerpo *exterior*. **bhr — ¿Dónde está el "*interior*"? ¿En el cuerpo físico o en el aliento que se respira? Aparte del cuerpo físico, AM tiene solamente el aire que se respira, y la combinación constituye vida, nos dice. Así que, que AM nos diga dónde están estas "cualidades interiores," dado que su holismo no admite el espíritu en el hombre que sea entidad separada del cuerpo y el aliento.**

bhr — La referencia de Pedro a "interno," "corazón" y "espíritu" corresponde a lo que Pablo en Rom. 7:22 y Col. 3:16 llama "el hombre interior." Compárese Efes, 4:22,24. Es el espíritu del hombre que manifiesta una actitud determinada. AM reconoce que el hombre "entero" (holístico) tiene emociones y actitudes, pero la pregunta que contestar es ésta: ¿por qué no tiene todo hombre vivo (carne y respiración = alma o vida) este espíritu que Pedro aquí demanda? ¿Por qué lo tienen solamente los cristianos fieles? ¿No son todos los hombres inherentemente iguales en cuanto a naturaleza? ¿Qué diferencia hay? ¿Son las actitudes funciones de la carne, o del aliento que los pulmones respiran? Toda persona viva tiene el mismo "ser"; por eso ¿por qué no tienen todos la misma actitud? La doctrina de AM hace que tales exhortaciones como la de Prov. 4:23 sean totalmente inútiles.

Es que no todos tienen la misma mente (Fil. 2:5). Es el espíritu en el hombre lo que le capacita para pensar y actuar según escoja (1 Cor. 2:11). Pero la doctrina holística de AM no le permite creer que hay en todo hombre vivo un espíritu aparte de la carne y aliento en él que cuando deja el cuerpo éste se queda muerto (Sant. 2:24). El "espíritu" en que él cree se aniquila con el cuerpo que ya no respira aire.

Según el hermano las virtudes en el cristiano *perduran* porque son del Dios Eterno, pero según su doctrina la personalidad de la persona no *perdura* cuando el cristiano muere, sino ¡todo junto se aniquila! Esta doctrina demanda, por lo tanto, no una "resurrección" de justos y de injustos como la Escritura enseña (Jn. 5:28,29; Hech. 24:15) sino una "recreación," de aquellos de un estado de inexistencia en lugar de ser resucitados serán creados nuevamente.

Este pasaje (1 Ped. 3:4) causa mucho problema para AM y labora mucho para explicarlo de manera que no tenga que admitir que el hombre tiene en sí un espíritu descrito por Pedro como "el escondido hombre del corazón en el incorruptible (adorno) del manso y apacible espíritu" (literalmente dice el texto griego). Así dice la Versión American Standard que empleo diariamente. Nótense estas buenas versiones:

mas sea adornado el hombre interior del corazón, con la ropa imperecedera de un espíritu manso y sosegado, (VM)

Mas el hombre del corazón que está encubierto sea sin toda corrupción, y de espíritu agradable, y pacífico, (RV1865)

Sino el hombre del corazón que está encubierto, en incorruptible ornato de espíritu agradable y pacífico, (RV1909)

Otra pregunta que contestar: "¿Es que el 'aliento/espíritu' o 'vida/alma' de cierta mujer se atavía de este ornato incorruptible pero que eso de otra mujer no lo atavía? ¿A qué se debe la diferencia? Las dos tienen, según AM, 'aliento/espíritu' o 'vida/alma'. La respuesta está en el hecho de que las dos tienen un *espíritu* (corazón, mente, alma) para escoger, pero escogen de manera diferente. La naturaleza del hombre según el holismo es una falsedad.

34. "Algunos han preguntado: '¿Por qué Gén. 35:18 se refiere a salírsele el alma a Raquel? ¿No significa esto que el hombre *posee* un 'alma inmortal' que se parte en nuestra muerte?'"

bhr — Se nota que AM no dice "posee un espíritu." Esto lo evade. Ni sale solamente con "alma"; siempre sale con eso de "alma inmortal." Esto lo hace a propósito y de manera monótona. (Es cierto que algunos se expresan así pero yo no, ni muchos otros, como he escrito anteriormente. Véase D. 1. a., pág. 11; etc.). El falso maestro tiene su lenguaje especial, para manipular la mente de su lector, y no se desvía de él al presentar su caso.

"Y aconteció que al salírsele el alma (pues murió), llamó su nombre Benoni" (Ver. Reina-Valera 1960). La palabra para "alma" aquí es *nephesh* (la misma palabra empleada en Gén. 2:7 donde se dice que el hombre vino a ser "*alma* viviente." Los animales también son "*almas* vivientes," según las Escrituras; de hecho la palabra es empleada más frecuentemente en Génesis de animales que del hombre). Aunque esta palabra es traducida "alma" frecuentemente en la versión King James (y en otras muchas versiones) es traducida también 117 veces en la versión King James como "vida," una interpretación igualmente legítima.

bhr — AM tiene a Gén. 2:7 diciendo "una vida viviente."

Según el Sr. Thayer, el famoso lexicógrafo, la palabra griega, *psuche*, significa "(1) aliento. a. el aliento de la vida; es decir, la fuerza vital que anima al cuerpo y se manifiesta en el respirar (Hech. 20:10); b. vida (Luc. 12:22); c. un ser viviente (Rom. 2:9); (2) el alma. a. la sede de los sentimientos, deseos, afectos, aversiones (nuestro corazón), Luc. 2:35; 2 Ped. 2:8; b. un ser moral diseñado para la vida eterna, 3 Jn. 2; 1 Ped. 2:11; Heb. 13:17; Sant. 1:21; 5:20; 1 Ped. 1:9; 4:19. c. el alma como una esencia que se difiere del cuerpo y no se disuelve en la muerte; el alma librada del cuerpo, un alma desincorporada, Hech. 2:27; Apoc. 6:9; 20:4.

Pido al lector que lea los pasajes arriba con cuidado, notando en particular lo que dice el Sr. Thayer con respecto al empleo del término "alma." Notaremos que:

La "fuerza vital que anima al cuerpo y se manifiesta en el respirar" es lo que entró de nuevo en el joven. El texto griego dice: "porque la "psuche" de él está en él" (Hech. 20:10).

Lot afligía, no su cuerpo físico ni su aliento respirado, sino su alma.

La Palabra implantada salva almas, no cuerpos físicos de carne y aliento de aire.

Los ancianos velan por almas, de la vida espiritual del cristiano, no de su vida física o respiración.

Deseos carnales no batallan contra un cuerpo y su aliento, sino contra el alma en el hombre.

La palabra "psuche" (alma) y "pneuma" (espíritu) se usan intercambiablemente, Luc. 1:46,47; 1 Reyes 17:21; Luc. 8:55. Pero AM no dice "alma" y "espíritu"; él con monotonía prefiere expresarse con esto: "vida/alma" y "aliento/espíritu." No aclara; confunde.

En cuanto a Gén. 35:18, el texto dice: "en el separarse de su alma … murió." ¿Qué se separó o se partió? Fue su *psuche, alma.* Cuando sale el alma o espíritu de la persona, esa persona muere

(Sant. 2:26). Es ridículo hacer que el texto diga que "en el partirse la *vida* de uno, muere." Una cosa tan obvia no necesita expresarse.

El pasaje Gén. 35:18 meramente declara que la VIDA (*nephesh*) con rapidez se iba de Raquel. El texto aún nos dice qué esto significa—dice: "pues murió." ¡¡¡LA VIDA estuvo saliendo de ella!!! Un cuerpo muerto es un cuerpo sin VIDA *(nephesh)*. El pasaje solamente dice que Raquel estuvo a punto de morir. Se le salía su *vida.*"

bhr —AM admite que la traducción de "nephresh" (o "psuche" en griego) puede ser "alma" como también "vida," y nos da el ejemplo de "alma" en Gén. 2:7, pero aquí no quiere usar la palabra "alma"; insiste en emplea el término "vida." No quiere que el alma saliera de Raquel sino su vida física que tiene aliento en los pulmones. El tiene al pasaje diciendo que Raquel murió porque murió. El texto dice literalmente "en el salírsele el alma pues murió." Ella dio el nombre de Benoni a su recién nacido hijo, y esto en el momento de retirarsele el alma; y de esto resultó su muerte física. Las muchas versiones dicen "alma," no "vida." AM no cita versión alguna que diga "vida" aunque toda su argumentación promueve el término "vida."

Si algo sale o se retira de otra cosa, algo se queda atrás. Salió el alma, y el cuerpo muerto se quedó atrás. Cuando Cristo murió en la cruz, él encomendó al Padre su espíritu y expiró (Lucas 23:46). Su cuerpo, quedando atrás, fue sepultado pero su alma reposó en el Hades, de donde salió el primer día de la semana.

35. Otro pasaje a que los Tradicionalistas a menudo se refieren en su búsqueda fútil para validar su teoría de "almaísmo inmortal" es la declaración de Pablo dado abajo a los hermanos corintios en su primera carta:

"Porque ¿quién de los hombres sabe las cosas del hombre, sino el espíritu del hombre que está en él?" 1 Corintios 2:11.

bhr — AM espera que en su repetición monótona de los términos "Tradicionalistas" y "almaísmo inmortal" el lector quedará convencidos de que ellos representan ciertas verdades. En realidad son falsas representaciones del caso. Véase Introducción, 2., pág. 2 sobre "tradicionalista" y III., 4., pág. 31 sobre "almaísmo inmortal." La falsa representación es una de las tácticas favoritas de AM en su escrito. Al decir "fútil" y "teoría" emplea el famoso "ipse dixit" (= el mismo lo dice), nada más. Él piensa que por su palabrería será oído (Mat. 6:7).

Se notará que el pasaje 1 Corintios 2:11 no dice "alma" sino *¡espíritu!*

Ésta es una simple referencia a la voluntad o personalidad. Uno no puede leer mi mente, pero yo puedo conocer my propia mente o corazón. Otro no puede ver *dentro* de mí y conocer la naturaleza de mi ser, pero yo puede entender mis propios pensamientos, motivos y deseos. El único otro Ser, aparte de mi *propio* ser/sí mismo que puede conocer mis pensamientos interiores es Dios.

bhr — Pablo no dice que el espíritu es la voluntad o personalidad del hombre, sino que solamente el espíritu del hombre puede saber las cosas (voluntad, personalidad, pensamientos, deseos, motivos, etc.) del hombre. Pablo dice "espíritu"; AM dice "propio ser/sí mismo." No puede decir sencillamente "espíritu" porque no cree que haya espíritu (del hombre que está en él) aparte del cuerpo físico en que el espíritu está.

El "alma" es sencillamente la vida-fuerza que anima al cuerpo físico (la que aun los animales poseen) y el "espíritu" es sencillamente la *personalidad* del individuo.

bhr — Pablo no dice que la personalidad del individuo sabe las cosas del hombre, sino que *el espíritu que está en el hombre* lo sabe. AM no cree que hay un espíritu que está en el hombre. Pablo sí lo creía, como también Daniel (7:15).

De nuevo, sencillamente no hay base para sugerir que este pasaje revele algo acerca de algún "ser inmortal" atrapado dentro de nuestros cuerpos. Las Escrituras, correctamente entendidas, sencillamente no enseñan tal dualismo pagano.

bhr — Esta conclusión de AM se repite mucho en sus escritos, y siempre representa mal al caso y a muchos de sus oponentes. Ya queda expuesta anteriormente. Cristo y sus apóstoles no promovían ningún "dualismo pagano." Nada está "atrapado." AM escribe con prejuicio. ¿Dijo Pablo que solamente "el espíritu atrapado dentro de su cuerpo" sabe las cosas de uno? AM no se atreve a expresarse como lo hace el inspirado apóstol Pablo.

Recuérdese que el espíritu del hombre está en él (1 Cor. 2:11). Si no fuera así, el cuerpo del hombre estaría muerto (Sant. 2:26).

El apóstol Pablo habló de la muerte como una partida (Fil. 1:23). Y es muy significativo notar que el apóstol usa el término griego "analuo" (soltar, aflojar para partir) para hablar de la salida del espíritu del cuerpo al morir. En la muerte, cuando el cuerpo es "aflojado hacia abajo" el espíritu del hombre es "llevado hacia arriba." Así sucedió cuando Lázaro murió, su espíritu "...fue llevado por los ángeles al seno de Abraham" (Luc. 16:22).

Otra palabra interesante que hace ver a la muerte como una partida es el término griego "éxodo." En el monte de la transfiguración (Luc. 9:28-36), el Señor hablaba con Moisés y Elías de su partida inminente (éxodo inminente, Luc. 9:31). Esta partida fue cumplida cuando Cristo murió y entregó el espíritu (Luc. 23:46). El apóstol Pedro quería que sus hermanos recordaran sus palabras después de su partida (el mismo término "éxodo" es usado, 2 Pedro 1:15). Esta es la misma palabra que se usó al hablar del éxodo de los israelitas de Egipto (cf. Heb. 11:22). Mientras que los hebreos conscientemente continuaban existiendo al salir de Egipto, de la misma manera nosotros continuaremos existiendo conscientemente cuando nuestro cuerpo vuelva al polvo y nuestro espíritu experimente su éxodo.

36. **Sobre 2 Cor. 12:1-4** AM escribe, refiriéndose a los casos de Pedro (Hech. 10:10) y de Juan (Apoc. 1:10), éstas eran visiones, viajes dentro de *la mente*, no viajes verdaderos tomados en *la carne* aquel día en particular, aunque parecieron tan verdaderos que ¡dejaron a uno maravillando! Todos nosotros hemos experimentado este fenómeno del cual habla Pablo. No es nada insólito. Este pasaje no dice absolutamente nada acerca de algún "algo" inmortal y que nunca muere, atrapado dentro de nuestros cuerpos mortales que sea capaz de "vuelos de fantasía" en ocasiones a regiones grandes y gloriosas arriba. El Señor envió a Pablo (y también a Juan y a Pedro) una visión. El "espíritu inmortal" de Pablo no tomó una vacación celestial independiente del cuerpo físico. Ëse es un absurdo pagano, y también de la Edad Nueva. Si los Tradicionalistas quieren perpetuar tal locura, es de su preferencia. Yo me quedaré con la Biblia.

bhr — ¿No teme a Dios AM que atribuya al caso de Pablo en el pasaje tratado tales frases como "vuelos de fantasía," "vacaciones," "absurdo pagano," etc.?

¿De veras "todos nosotros hemos experimentado este fenómeno del cual habla Pablo"? Ni AM ni yo hemos tenido la experiencia de una revelación del Señor (2 Cor. 12:1). Hemos tenido sueños, sí, y nos hemos quedado sorprendidos y algo confusos sobre el significado, si alguno, del sueño, pero eso no se compara con lo que experimentaron Pablo, Pedro, y Juan.

Pablo admite la posibilidad de que su revelación divina le fue dada con él fuera del cuerpo (v. 2), pero AM niega esta posibilidad. No está de acuerdo con el inspirado apóstol Pablo; su doctrina no le permite creer la Escritura.

Pablo sabía que el hombre puede existir fuera de su cuerpo físico. Eso prueba que el hombre es más que cuerpo físico con aliento en sus pulmones y AM enseña una falsedad. Si el hombre no tiene existencia fuera de su cuerpo, como lo enseña AM, entonces ciertamente Pablo debió haber sabido definitivamente que al ser arrebatado al Paraíso que estuvo en el cuerpo.

Él tiene a Pablo, Pedro y Juan estando en la tierra y recibiendo visiones, pero Pablo explica que en el caso de él "fue arrebatado hasta el tercer cielo." AM no está de acuerdo con Pablo. Juan dice que un ángel le manda: "sube acá ... y al instante yo estaba en el espíritu" (Apoc. 4:1,2). AM no está de acuerdo con Juan. Compárense Ezeq. 3:12,14; Hech. 8:39,40.

Yo creo que es bastante obvio, por eso, basado en la evaluación de Pablo mismo del evento, que esto fue una simple visión o revelación, y que él mismo ¡¡en realidad no fue físicamente a ninguna parte!! No creo que Juan literalmente dejara la isla de Patmos, sino que simplemente fue dado una visión o revelación.

bhr — Nótese la manera muy cuidadosa en que se expresa AM al decirnos lo que "cree." Afirma que Pablo "no fue físicamente a ninguna parte" pero Pablo dice que cierto hombre fue arrebatado a alguna parte y posiblemente fuera del cuerpo. Esta posibilidad no la admite AM; su falsa doctrina no le permite admitirlo. Juan dice que se le mandó "subir acá" "a una puerta abierta en el cielo" (Apoc. 4:1). ¿No leyó AM este pasaje?

AM trata desesperadamente de rellenar su caso con lenguaje forzado. Él dirige la palabra "locura" a sus oponentes pero como dijo Natán a David, "Tú eres aquel hombre" (2 Sam. 12:7). AM dice que "me quedaré con la Biblia," pero lo que nos ofrece son sus "yo creo" en lugar de un "escrito está" (cf. Mat. 4:4,7,10). ¡Cómo este pasaje destruye la doctrina holística!

Es más, AM no admite lo que afirma Pablo de que posiblemente este hombre fue arrebatado al Paraíso estando él fuera del cuerpo. El "condicionalista" (como AM se describe a sí mismo) no cree que el espíritu del hombre puede estar en el Paraíso oyendo palabras mientras esté fuera del cuerpo. En realidad no cree que el hombre tenga un espíritu que aparte del cuerpo físico pueda existir en ninguna manera.

Pablo admite que pudo haber estado fuera del cuerpo y siempre con sentido cuando en el Paraíso oyó palabras ¡sin los oídos allí todavía en su cuerpo dejado! Pablo describe la separación de dos elementos, el cuerpo y el espíritu (llamado por él "un hombre … que fue arrebatado al paraíso"), y que siempre sigue el sentido de parte del elemento que dejó el cuerpo. Esto no lo puede aceptar el holista.

37. **Sobre el destino final del inicuo, escribe AM:** La verdad ha sido tan suprimida por las falsas doctrinas del pasado que no fue perceptible para el hombre de hoy. Es tiempo de desvestir la basura para revelar el tesoro por debajo.

bhr — Tal es el aprecio que tiene AM por la posición de su oponente: dice que ¡promueve basura! Se implica que nadie en el pasado sabía la verdad, pero ahora que vienen AM y sus mentores por fin el hombre la puede saber. ¿No falta un poco de humildad en AM?

¿Qué enseña la Biblia concerniente a aquel día final, cuando el Señor vuelva, cuando los muertos sean levantados y ocurra el juicio? ¿Qué será el destino último de ambos inicuos y redimidos?

bhr — AM aquí presenta Dan. 12:2,13 pero estos pasajes no tienen que ver con el fin del mundo sino con el tiempo de Antíoco y los Macabeos. (Véase mi comentario, NOTAS SOBRE DANIEL).

Jesús prometió: "He aquí yo vengo pronto, y mi galardón conmigo, para recompensar a cada uno según sea su obra" (Apocalipsis 22:12). Los "galardones" que han de ser dispensados a todos los hombres (a ambos justos e inicuos) no ocurrirán hasta que Jesús vuelva. *Entonces*, en ese día, un gran juicio y separación ocurrirá entre los levantados de los muertos. Esto no ocurrirá *antes* de la venida de

Cristo. El "galardón" del Señor viene *con él*; no es dispensado de antemano.

bhr — Hay quienes equivocadamente creen que al morir las personas buenas van directamente al cielo, y de éstas se refiere AM con sus comentarios sobre no dispensar Dios galardones antes del día del juicio final. Pero al enseñar uno bíblicamente que al morir cada uno su espíritu va al Hades para hallarse o en reposo o en tormento no contradice en nada el propósito del gran Juicio Final. En el Hades nadie recibe "galardón" y el Juicio Final es para más que sencillamente distribuir galardones. AM mal representa a todo el mundo que enseña la verdad sobre el Hades.

Está escrito sobre el patriarca Abraham, "Y exhaló el espíritu, y murió Abraham… y fue unido a su pueblo" (Gén. 25:8). Esto no puede ser una referencia a la sepultura del cuerpo de Abraham. Él fue sepultado en Palestina. Sin embargo, sus antepasados habían sido sepultados a distancia de cientos de kilómetros, en tierras muy lejanas. Entonces aprendemos que las expresiones "unido a su pueblo," "vendrás a tus padres" (Gén. 15:15) y "reunida a sus padres" (Jue. 2:10) se distinguen de la propia sepultura de un cuerpo y denotan una reunión con seres incorpóreos en el Seol o Hades (el lugar de los espíritus que esperan la resurrección). Estas frases se emplean para dar esperanza al pueblo de Dios de una futura reunión con otros justos que amaron y sirvieron a Dios aquí en la tierra (Apoc. 6:9-11; 14:13). Considérese la frase, "los espíritu de los justos hechos perfectos" (Heb. 12:23).

AM emplea Malaquías 4:1-3 y lo aplica mal. "Porque he aquí, viene el día ardiente como un horno, y todos los soberbios y todos los que hacen maldad serán estopa; aquel día que vendrá los abrasará, ha dicho Jehová de los ejércitos, y no les dejará ni raíz ni rama. 2 Mas a vosotros los que teméis mi nombre, nacerá el Sol de justicia, y en sus alas traerá salvación; y saldréis, y saltaréis como becerros de la manada. 3 Hollaréis a los malos, los cuales serán ceniza bajo las plantas de vuestros pies, en el día en que yo actúe, ha dicho Jehová de los ejércitos."

Pedro declaró que "los cielos y la tierra que existen ahora, están reservados por la misma palabra, guardados para el fuego en el día del juicio y de la perdición de los hombres impíos" (2 Ped. 3:7).

El fuego que consume los cielos viejos y la tierra consumirá también a los inicuos que vivían sobre ella y se dedicaron a ella.

Los últimamente impenitentes, incluso Satanás, el autor del pecado, por los fuegos del día final serán reducidos al estado de no existencia, llegando a ser como si nunca existieran, así purgando el universo de Dios de pecado y pecadores.

bhr — La profecía de Malaquías parece hallar su cumplimiento en la destrucción de Jerusalén, precedida por la obra de Juan el bautista ("Elías"). "Mal 4:5 He aquí, yo os envío el profeta Elías, antes que venga el día de Jehová, grande y terrible. 6 El hará volver el corazón de los padres hacia los hijos, y el corazón de los hijos hacia los padres, no sea que yo venga y hiera la tierra con maldición." Pero se admite que esto puede ser símbolo de la destrucción del día final.

La destrucción o ruina de los inicuos no se ocurrirá en el quemar del universo sino después de la sentencia del Juicio Final. Al parecer AM tiene a los inicuos sufriendo en fuego (en él de la destrucción del universo) antes del Juicio Final. No nos dice por cuánto tiempo serán "torturados" (usándose la palabra favorita de AM) antes de ser aniquilados. ¿Se contentarán los modernistas y los ateos con que sea poco tiempo que los malos "sean torturados"?

Fuego literal puede consumir al universo literal, pero no a cuerpos resucitados. Pero AM tiene a los malos si no antes entonces después del Juicio Final destruidos (y finalmente aniquilados) con el mismo fuego literal que destruirá al universo (2 Ped. 3:10) pero tal fuego es solamente para lo físico de este universo físico. Dios preparará el fuego diseñado para castigar eternamente a los malos rechazados en el Juicio final. Ese fuego nunca se apagará (Mar. 9:44,48; Mat. 3:12).

La frase "reducidos al estado de no existencia" la presenta AM como un hecho probado pero es nada más una afirmación sin prueba. Es un "ipse dixit" del hno. Maxey.

38. "Tomás cree que los malos serán torturados eternamente y sin misericordia por Dios.

bhr — A AM se le pregunta: ¿Será hecho *sin misericordia* el quemar de los malos antes de ser ellos aniquilados un tiempo de-

spués? El emplea el sofisma de usar adjetivos y adverbios escogidos para dejar a su oponente mal visto a los ojos de otros.

Yo creo que la Biblia enseña que los malos experimentarán *muerte* en lugar de *vida*, y que serán una muerte y destrucción de lo cual no habrá ninguna resurrección o restauración futura. Será una *cesación* permanente de vida, no la *preservación* de vida para el propósito de infligir tortura sin fin.

¿Quién dice que en lugar de muerte (separación eternamente de la presencia de Dios, Mat. 25:41) los malos experimentarán *vida?* Esta es una de las muchas falsas representaciones de AM. El a propósito confunde *vida* con *existencia*. Los malos existirán ("muertos") separados de Dios eternamente bajo castigo (Mat. 25:46). El holismo lo niega.

Sí, para los malos "será una cesación permanente de vida" para con Dios, porque en la vida murieron pecadores no perdonados, y ahora serán resucitados existentes para oír su sentencia de separación (muerte) eternamente de la presencia de Dios (2 Tes. 1:9). ¡Existentes en el Juicio Final y existentes en el infierno!

Si el sufrir eternamente es ser "torturado" eternamente, ¿no es sufrir un tiempo limitado "tortura" temporal? AM tiene cuidado en su uso del término "tortura." Es muy sofisticado. El afirma que los malos serán quemados completamente por fuego hasta consumidos. ¿Es ese castigo "tortura"? Si no, ¿por qué no?

Ciertamente los malos sufrirán una separación (muerte) eterna de Dios, pero la cuestión tratada no es una de *muerte* sino de *aniquilación*. AM tiene problema con quedarse con la cuestión tratada.

AM cita a un famoso colega suyo que presenta cincuenta diferentes verbos en el Antiguo Testamento para describir el destino final de los malos, que todos significan diferentes aspectos de *destrucción*. Bien, pero no presenta ¡ni uno que diga *extinción* o *aniquilación!*

Citando a otro Condicionalista, AM escribe: "Por todas partes hallamos la noción de una cesación final de ser, de un retorno a un estado de no sentido, y nunca de una vida perpetua en sufrimiento." El falso maestro se encuentra incapaz de representar bien a su oponente. Nadie aboga por "una vida perpetua en sufrimiento." Existencia, sí; "preservación de vida perpetua," no.

De su oponente en el debate, TT, AM dice: Mi oponente se esforzará a tratar y demostrar que nuestro amoroso Dios de compasión y misericordia estará contento con nada menos que una tortura horrífica continua de la vasta mayoría de la humanidad …pinta a nuestro Dios de monstruo de los cuales es imposible que la mente humana pueda concebirlos.

Esto es una burla de la Verdad y blasfemia contra la Deidad. El razonamiento humano no es revelación divina (Isa. 55:9). ¿No trata AM de mostrar que "nuestro amoroso Dios de compasión y misericordia estará contento con nada menos que una tortura horrífica" temporal "de la vasta mayoría de la humanidad"?

39. La Biblia enseña una realidad diferente para los inicuos. Serán consumidos de fuego, *no preservados*. Sin duda el lago de fuego será una experiencia horrífica. (**bhr — ¿Por qué dice AM "experiencia" y no "tortura"?**). Una ejecución no es un evento placentero, y se involucran diferentes grados para la persona que está siendo muerta. Como uno que estuve … al lado de un hombre … que fue ejecutado … y miré a sus ojos cuando tomó su último aliento, le puedo asegurar que el lloro, el crujir de dientes, y tormento profundo acompañan la experiencia de muerte. (**bhr — Otra vez dice AM "experiencia," no "tortura" pero nos acusa a nosotros de abogar por una posición que describa tortura. Él cree en el lago de fuego igual que nosotros, nada más que él *disminuye la prolongación del evento*. Pero si es tortura en una de las dos posiciones tomadas es tortura en la otra. AM tiene mucho cuidado en su uso de las palabras para manipular las mentes de sus oyentes**).

Siempre mal representa a su oponente. ¿Quién dice que el inicuo será "*preservado*"? Ser preservado y estar existente no son la misma cosa. AM no puede representar bien a su oponente porque su herejía no le permite hacerlo. Es una mentira insinuar que decimos que la muerte eterna es "vida" (preservación de vida).

Ya expuse la falsedad de eso de la ejecución de un reo en II., C., 1., pág. 23. Cito un solo párrafo: Lo que sufre el hombre ejecutado en la cámara de gas no sufre "¡tormento!" Al contrario el gas no imparte nada de dolor, sino por la asfixia producida el reo pierde

la consciencia rápidamente, la cabeza cae de lado y se produce la muerte. Al decir "tormento" el autor está "pintando su caso" (o sea, exagerando para causar efecto). No nos impresiona con un caso que no representa la enseñanza bíblica.

En todo caso el castigo último es la *MUERTE* misma, no el proceso de *MORIR*.

AM no es consecuente. Mat. 25:46 dice castigo eterno y vida eterna. El quiere que el castigo sea *el efecto de morir* **(la muerte, seguida de aniquilación) pero no quiere que la vida sea sencillamente** *el efecto vivir.* **Quiere que la vida dure eternamente pero no el castigo. Jesús nos dice que las dos cosas son de la misma duración. ¡Cómo este pasaje da gran problema para AM! Pero, él deja a los hombres haciendo básicamente lo mismo que hace Dios (Luc. 12:4,5). Sin embargo, Cristo dijo que Dios puede hacer algo diferente a matar físicamente, porque cuando los hombres hacen esto nos envían a la tumba. En cambio, luego de la muerte física Dios puede hacer algo adicional a los muertos de este pasaje, los puede echar en el infierno, el cual no es la tumba, ni semejante a ella.**

40. **AM presenta a Malaquías 4:1-3 para apoyar a su falsa doctrina. Lo notamos:**

Los malos, sin embargo, no tienen tal promesa. La promesa para *ellos* es que experimentarán un final y completo derrame sobrante de la ira de Dios. Será un día en que Dios, un Fuego Consumidor, completamente los consumirá en su furor. Será tan completa la destrucción que se describe en términos muy temerosos a través de la Escritura.

"Porque he aquí, viene el día ardiente como un horno, y todos los soberbios y todos los que hacen maldad serán estopa; aquel día que vendrá los abrasará, ha dicho Jehová de los ejércitos, y no les dejará ni raíz ni rama. 2 Mas a vosotros los que teméis mi nombre, nacerá el Sol de justicia, y en sus alas traerá salvación; y saldréis, y saltaréis como becerros de la manada. 3 Hollaréis a los malos, los cuales serán ceniza bajo las plantas de vuestros pies, en el día en que yo actúe, ha dicho Jehová de los ejércitos." Malaquías 4:1-3.

bhr — Antes de comentar, cito el resto del capítulo breve de Malaquías: "4 Acordaos de la ley de Moisés mi siervo, al cual encargué en Horeb ordenanzas y leyes para todo Israel. 5 He aquí, yo

os envío el profeta Elías,(A) antes que venga el día de Jehová, grande y terrible. 6 El hará volver el corazón de los padres hacia los hijos, y el corazón de los hijos hacia los padres, no sea que yo venga y hiera la tierra con maldición."

El contexto revela que esta profecía de Malaquías, sobre la ira y destrucción de Dios de los malos, tuvo su cumplimiento en la destrucción final y completa de la economía judaica, o sea, la destrucción de Jerusalén en 70 d. de J. C. Antes de acontecer aquello, Juan el bautista hizo su obra de predicar el bautismo de arrepentimiento para perdón de pecados (Mateo cap. 3; Mar. 1:4; Luc. 3:3-14; Jn. 1:23). Se admite que una segunda aplicación de esta profecía puede ser hecha al Día Final, pero no es el punto principal de Malaquías en sus palabras finales.

La destrucción de los malos se compara con el abrazar a la estopa. Todas sus hojas quedan ceniza.

Las cenizas de esta profecía no son más literales que la estopa y el hollar con los pies.

Esto ciertamente no describe vida continua para los malos, sino una extinción última de vida.

Repetidas veces AM persiste en mal representar al oponente. ¿Dónde ha leído o visto que decimos, o que la Biblia dice, que los malos, al ser castigados eternamente (Mat. 25:46) experimentarán "vida continua"? ¡En ninguna parte! AM presenta su "hombre de paja" para poder tumbarlo y destruirlo. ¡Qué valiente es él!

¿En qué pasaje bíblico aparece la palabra "extinción" o "aniquilación"? La verdad es que ellas salen de la teoría holística.

AM cita a 2 Ped. 3:7 y dice:

El fuego que consume a los viejos cielos y tierra también consumirá a los malos que vivieron sobre ella y se dedicaron a ella.

Fuego literal puede quemar el universo literal pero no cuerpos resucitados. El arruinamiento de los malos no ocurrirá en el quemar del universo sino después de la sentencia de ellos en el Juicio Final .

AM tiene a los malos sufriendo en fuego antes de ser aniquilados; ¿por cuánto tiempo durará ese sufrimiento en fuego? ¿Serán complacidos los modernistas y ateos aun con un tiempo limitado de tal sufrimiento? ¿No les parecerá "tortura"?

Los malos no serán más que cenizas debajo de nuestros pies. En otras palabras la figura pinta la realidad de que ellos para siempre ya no existen.

La figura de "cenizas" tiene su aplicación en la destrucción de la nación judaica en 70 d. J.C. Es más, Mal. 4:1-3 y 2 Ped. 3:7 no dicen nada acerca de que los malos "para siempre ya no existen." Tales son las palabras que AM astutamente inserta en lo que los pasajes bíblicos dicen.

41. Tomás y yo obviamente nos diferimos grandemente concerniente a la naturaleza del destino último de los malos. Así el título de nuestro debate: "El Destino Eterno de los Malos, Tormento Perpetuo o Extinción Última." Tomás cree que los malos serán sin misericordia y eternamente torturados por Dios. Yo creo que la Biblia enseña que los malos experimentarán *muerte* en lugar de *vida* y que será una muerte y destrucción de lo cual no habrá ninguna resurrección o restauración futura. Será la *cesación* permanente de vida, y no la *preservación* de vida para el propósito de infligir tortura sin fin. El resto de este debate se enfocará en esta distinción teológica.

bhr — AM pinta el caso, o lo rellena, con frases y adjetivos escogidas para mal representar a su oponente y causar prejuicio a las mentes de sus lectores. Notemos:

a. "Tomás cree que los malos serán sin misericordia y eternamente torturados por Dios." AM sabe que TT no ha dicho tal cosa, ni puede AM citar tales palabras de la pluma de TT. ¿Cree AM que los malos serán torturados por Dios sin misericordia por un tiempo limitado antes de ser aniquilados?

b. TT no cree que los malos después de sentenciados en el Juicio Final experimentarán *vida* en lugar de *muerte*. Con estas expresiones AM miente contra TT. Los malos serán apartados de Dios eternamente y estarán en dolor sensible; estarán consciente de su condición de muertos para con Dios (Mat. 25:41, 46; 2 Tes. 1:9). El estar conscientes y vida no son la misma cosa. Aun AM tiene a los malos sufriendo el castigo de fuego por un tiempo limitado. Se le pregunta: ¿estarán *vivos* durante ese tiempo limitado antes de ser aniquilados?

c. ¿Quién afirma que los malos en el "castigo eterno" (Mat. 25:46) tendrán "preservación de vida?" AM nada más exagera su

caso con falsas representaciones (Compárese Col. 2:4). No tiene otra defensa de su falsa doctrina. Se le pregunta a AM: ¿Tendrán los malos "preservación de vida" durante su tiempo limitado de ser quemados en fuego?

d. ¿Quién afirma que Dios al castigar a los inicuos con "castigo eterno" (Mat. 25:46) estará teniendo el propósito de "infligir tortura sin fin"? Tal es la interpretación de AM del asunto, pero con ello tiene que admite que Dios estará llevando a cabo el propósito de "infligir tortura" a los malos en el infierno durante el tiempo limitado de castigo antes de aniquilarlos. Sea largo o corto el tiempo del castigo, es igual la naturaleza de él. Si hay infligir tortura en uno de los dos casos, lo hay en el otro. AM espera que el lector no capte este sofisma.

e. Rom. 6:23 contrasta la *paga* con la *dádiva*; no habla de la *duración* de vida y castigo como lo hace Mat. 25:46. AM juega con palabras. Seguro es que la paga del pecado es la muerte porque será *separación* (Mat. 25:41; 2 Tes. 1:9) de Dios eternamente. ¿Quién afirma que esa paga es *vida para ser torturado sin fin*? AM es experto en la falsa representación. En Mat. 7:13.14 Cristo contrasta *destrucción* (apollumi) y *vida*, como en Mat. 25:46, pero no en cuanto a la *duración* de las dos cosas sino a la necesidad de procurar *entrar en la puerta correcta*, porque son dos puertas con destinos muy diferentes.

42. Apoc. 14:9-11, "Y el tercer ángel los siguió, diciendo a gran voz: Si alguno adora a la bestia y a su imagen, y recibe la marca en su frente o en su mano, 10 él también beberá del vino de la ira de Dios, que ha sido vaciado puro en el cáliz de su ira; y será atormentado con fuego y azufre delante de los santos ángeles y del Cordero; 11 y el humo de su tormento sube por los siglos de los siglos. Y no tienen reposo de día ni de noche los que adoran a la bestia y a su imagen, ni nadie que reciba la marca de su nombre."

Sobre los cuatro puntos de este pasaje AM hace sus comentarios:

El pasaje arriba por largo tiempo ha sido empleado como "prueba positiva" de que los malvados experimentarán tortura perpetua de las manos de un Dios justo y misericordioso en seguida del juicio final en el último día. Sin duda hay unas palabras y frases en este pasaje que superficialmente tienden a sugerir tal escenario. No obstante una exégesis más responsable y honda demostrará que tal enseñanza queda sin base. "Éstas interpretaciones dogmáticas de Apoc. 14:9-11 como prueba de un tormento literal y eterno revelan una falta de sensibilidad hacia el lenguaje altamente metafórico del pasaje" (Dr. Samuele Bacchiocchi).

bhr — Cuando menos el Sr. Bacchiocchi dice "tormento" y no "tortura" como incesantemente dice AM.

AM admite que en este pasaje hay palabras y frases que "superficialmente tienden a sugerir el escenario" que su oponente defiende, pero con reclamar tener una "exégesis más responsable y honda" espera callar al oponente. Cita al Sr. Bacchiocchi que llama "estas interpretaciones dogmáticas" a la posición del oponente. En todo esto los dos no presentan pruebas sino solamente su "ipse dixit."

El "lenguaje altamente metafórico del pasaje" no quita la realidad de lo que se revela, que es un castigo de duración eterna. ¿Es figurada o literal la frase ésta: "delante (o, en presencia de) de los santos ángeles y del Cordero"? Hay realidades aun en el lenguaje figurado. Cristo y sus ángeles estarán viendo este castigo eterno.

El texto mismo (v. 10) dice "atormentados," pero AM a propósito y repetidamente dice "torturados."

¿Es "Dios justo y misericordioso" al "torturar" a los malos en fuego por un tiempo limitado (antes de aniquilarlos)? AM tiene el mismo problema que presenta a TT, pero con la única diferencia de la duración del caso.

No puede haber humo sin fuego, y un fuego que pronto se apaga no va a producir humo que dure "por los siglos de los siglos." ¿Para qué hablar de humo interminable sin un fuego interminable que lo produzca? ¿Para qué hablar de humo (sin fuego) que sube para siempre ya que los atormentados ya no existen, sino han sido aniquilados según AM?

¿Para qué decir "no tienen reposo de día ni de noche" referente a un castigo de breve tiempo y seguido de aniquilación? ¡Cómo este pasaje da problemas al "Condicionalista"! Los malos en el infierno no tendrán momentos de sueño, como el de la noche de dormir, para sentir alivio de su dolor. No habrá reposo alguno.

Sí, Dios es justo y misericordioso, pero el texto se expresa así: "beberá del vino de la ira de Dios, que ha sido vaciado puro en el cáliz de su ira." "¡Horrenda cosa es caer en manos del Dios vivo"! (Heb. 10:31). Pero ¿no es Dios justo y misericordioso? AM concluye que por ser Dios justo y misericordioso su ira no es muy fuerte ni cosa horrenda. El infierno va a ser "horrenda cosa" no importando el tiempo que dure.

Pero, el autor de Hebreos dijo "¿Cuánto mayor castigo..."(Heb. 10:29), lo cual indica que el infierno es superior, mayor, a la muerte física que se aplicó varias veces a los violadores de la ley de Moisés (1 Cor. 10:8-10; Heb. 12:28). AM no nos dice por cuánto tiempo durará esta horrenda cosa, el quemar de los malos sin reposo de día ni de noche, pero está seguro que no va a ser para siempre. ¡Qué buena consolación para los malos!

El castigo de los malos será eterno como dan a entender las expresiones de "de día y de noche" y "por los siglos de los siglos." AM cree que estas expresiones indican un período breve de ser quemados los malos para luego quedar sin existencia, o completamente aniquilados.

Dice el texto inspirado que no habrá reposo de ser atormentados los malos, pero afirma AM que después de un tiempo limitado de ser atormentados dejarán de existir y así no sentirán ningún tormento más. ¿A quién vamos a creer?

Los cuatro puntos de este pasaje claro:

1. beber el vino de la ira de Dios, vino "puro"; es decir, sin diluir = fuerte castigo
2. Tormento con fuego y azufre en la presencia de los santos ángeles y Cristo
3. El humo de su tormento sube por los siglos de los siglos
4. Ausencia de reposo de día y de noche para los malos.

La teoría holística todo esto lo repudia. Para ella habrá para los malos un castigo breve y en seguida la aniquilación. Créalo quien pueda.

El tiempo ("día y noche") de servir los salvos a Dios en el cielo (Apoc. 7:15), y de adorar los cuatro seres vivientes en el cielo (4:8), es el mismo de los malos en el infierno (14:11). En los tres pasajes la frase "día y noche" en el texto original es idéntica. Véanse también Apoc. 18:9; 19:3; 20:10. El Diablo, Satanás, será atormentado día y noche por los siglos de los siglos. Nótese que es la acción ("serán atormentados") lo que es eterna y no *el efecto de tormento* según la pobre explicación de AM y otros con él).

El simbolismo de este pasaje no puede ser torcido de tal manera que apoye la falsa teoría del holismo. Es imposible. Dice Cristo que el fuego del infierno es eterno; no puede ser apagado (Mat. 18:8,9; Mar. 9:43). Para AM es temporal, muy breve; será apagado como innecesario para uno no existente.

AM cita al Sr. Bacchiocchi sobre estos cuatro puntos: "Para hacer resumen las cuatro figuras presentes en la escena de Apocalipsis 14:9-11 hacen cabal la una a la otra al descubrir la destrucción final de los apóstatas…. El vino "puro" de la ira de Dios derramado en fuerza completa sugiere un juicio de que resulta la extinción. El fuego y azufre denotan algún grado de castigo sensible que precede la extinción. El humo que sube sirve de recuerdo constante del justo juicio de Dios. El sufrir continuará día y noche hasta que los inicuos sean completamente destruidos."

La palabra "extinción" no aparece en el texto ni en las versiones principales de la Biblia. Tampoco la palabra "aniquilación." Esta idea Bacchiocchi agrega al texto. El humo referido en el texto sagrado no habla "de recuerdo constante del justo juicio de Dios" sino de la duración del tormento. La frase "día y noche" es cuando no tienen reposo los malos en su sufrimiento. La frase no se asocia nada con la idea de "hasta que los inicuos sean completamente aniquilados." El versículo no dice "hasta que" nada. Sin la ayuda del Sr. Bacchiocchi nadie sacaría tales conclusiones del pasaje. Él nada más inserta sus "ïpse dixit." Eso no prueba nada.

Cristo enseña en Mat. 25:30,41 cuatro cosas con las cuales tendrá el inicuo asociación en el infierno: (1) tinieblas de afuera; (2) separación de Dios; (3) el diablo y sus ángeles, y (4) fuego eterno. El inicuo existirá para siempre con el diablo para quien habrá sido preparado el fuego eterno. Ese fuego preparado por Dios para el propósito especial de Dios no se apagará nunca (Mat. 3:12; Mar. 9:43,48) porque el castigo va a ser eterno.

Escribe el Sr. Bacchiocchi, "La semejanza notable entre el destino de los apóstatas y el de Babilonia, en que ambos son caracterizados como atormentados por fuego cuyo humo 'sube por los siglos de los siglos' (Apoc. 14:10-11, compárense 18:8; 19:3) nos da razón para creer que el destino de Babilonia es también el de los que han participado de sus pecados; es decir, ambos experimentan la misma destrucción y aniquilación."

La imaginería de la destrucción física de la ciudad simbólica, Babilonia (ver. 8) no puede compararse con el lenguaje de 14:9-11 que trata del castigo eterno de un hombre ("alguno," de entre los que adoran a la bestia y a su imagen), una persona literal que ha sido resucitado de los muertos en un cuerpo enteramente diferente del físico que ocupaba en la vida y que ahora está sujeto al tormento sin descanso. Los Condicionalistas tratan de igualar los dos casos para evitar eso de "los siglos de los siglos," hablando ellos de "lenguaje metafórico." Nótese cómo el Sr. Bacchiocchi mete la palabra "aniquilación" en su conclusión, palabra careciente en el texto mismo.

43. Referente a Apoc. 20:10, el aniquilacionista tiene gran problema. Dice el texto:

"Y el diablo que los engañaba fue lanzado en el lago de fuego y azufre, donde estaban la bestia y el falso profeta; y serán atormentados día y noche por los siglos de los siglos."

Notemos que el pasaje habla del "proceso" de ser atormentados, "serán atormentados," ¡y no del *efecto* de ese proceso! (según la argumentación del aniquilacionismo).

AM cita al hno. Edward Fudge: "No hay solución fácil…Sea lo que sea el caso con Satanás, el castigo final del inicuo es un tema diferente." Pero pocos versículos después del 10 el texto sagrado dice, versículos 14, 15: "Y la muerte y el Hades fueron lanzados al lago de fuego. Esta es la muerte segunda. 15 Y el que no se halló inscrito en el libro de la vida fue lanzado al lago de fuego." Los inicuos serán echados en el mismo lago de fuego en que serán lanzados el diablo y sus aliados. Esto lo dice Cristo en Mate. 25:41. No hay diferencia. El castigo de los inicuos durará el mismo tiempo que el de Satanás.

44. **Concerniente a 1 Tes. 4:13, AM escribe:** "Él (Pablo) les dice que no quiere que ellos ignoren 'acerca de los que duermen' (1 Tes. 4:13) … Obviamente, 'dormir' es una figura de oración representando

'muerte' ... Pablo hablaba de aquellos hermanos que ya habían *muerto* físicamente, y estaban 'dormidos' en el polvo de la tierra."

bhr — ¡Pablo no dijo eso! Solamente el cuerpo muerto está en el polvo de la tierra. AM astutamente inserta su idea holística.

Es cierto que los hermanos tesalonicenses estaban preocupados concerniente a los hermanos que ya habían muerto físicamente (porque ya vimos que hay muerte espiritual y eterna también), pero Pablo en su carta a ellos no se refiere solamente a cuerpos, sino a la resurrección de los muertos (y recordemos que Pablo no dijo "aniquilación" ni tampoco hablo de "recreación"). El cuerpo muerto tiene la apariencia de uno dormido, y por eso el dormir es lenguaje figurado para indicar el cuerpo muerto, pero el muerto, como el vivo, es más que cuerpo físico con pulmones, y como ya vimos anteriormente, el espíritu no duerme inconsciente luego de ser separado del cuerpo en la muerte.

El ver. 14 dice "Porque si creemos que Jesús murió y resucitó, así también traerá Dios con Jesús a los que durmieron en él." El texto griego dice literalmente: "así también Dios a los que durmieron mediante Jesús traerá con él" (Interlineal de Lacueva). Jesús es representado como el *agente* de la resurrección (Jn. 5:28, 39; 6:44, 54).

Nuestra resurrección será como la de él: su cuerpo resucitó del sepulcro donde "dormía" y su alma salió del Hades. Hech. 2:41 dice: "su alma no fue dejada en el Hades, ni su carne vio corrupción." Dos cosas en dos lugares: el alma que no fue dejada en el Hades, y el cuerpo que no vio corrupción en el sepulcro. El Holismo tiene una sola cosa con partes irreducibles.

Los muertos en Cristo se levantarán de sus sepulcros (*Hades*).

AM nos da su "ipse dixit" de que el sepulcro es Hades. Este punto lo hemos discutido ya; véase II. D. 2., pág. 28. Lo que escribió Pablo, versículo 16, es que "los muertos en Cristo resucitarán primero." Los cuerpos saldrán de sepulcros y los espíritus de Hades, Apoc. 1:18; 6:8; 20:13,14. Éste es el significado de la frase "la muerte y el Hades." Pablo no escribió que "los muertos resucitarán de sus sepulcros (Hades)." AM escoge sus palabras con mucho cuidado para que se conformen con su teoría holística.

El presente cielos y tierra serán quemados con fuego, y los inicuos serán consumidos en este proceso.

AM necesita aprender que la destrucción del universo por fuego precederá al Juicio Final, y que después de él los malos serán echados en el infierno (Mat. 25:41). AM tiene a los malos quemados, con el fuego literal de la destrucción del universo físico, antes del Juicio Final cuando "serán reunidas delante de él todas las naciones; y apartará los unos de los otros" (ver. 32).

45. Sin duda algunos intérpretes han tomado un par de declaraciones del apóstol Pablo y han tratado de usarlas para promover los conceptos paganos de las posiciones de los tradicionalistas sobre la naturaleza del hombre y el destino de ambos los justos como los malos en seguida de la muerte física. No obstante estas interpretaciones se oponen claramente a la gran mayoría de enseñanza bíblica sobre la naturaleza *VERDADERA* del hombre y de su destino final. Por eso es irracional el buscar formular una teología sobre unos tantos pasajes que es contraria a la Verdad revelada a través del resto de la Palabra de Dios.

Esto precisamente es lo que los tradicionalistas, como el hermano Thrasher, han hecho con pasajes como 2 Corintios 5:8 y Filipenses 1:23. Han ignorado el resto de la enseñanza bíblica y buscado derivar una doctrina de "almaísmo inmortal" de estos pasajes aislados que en realidad, cuando vistos fuera de contexto con el resto de la Palabra de Dios, *aparecen* promover lo que ellos proclaman.

bhr — Se nota que AM siente la presión que le ponen estos dos pasajes.

Cristo y sus apóstoles no fueron influidos por conceptos paganos (los apóstoles fueron movidos por el Espíritu, 2 Ped. 1:21), y hablaron muy claramente en sus escritos. Es que AM y sus colegas no quieren aceptar estas revelaciones bien claras porque no se conforman a su Holismo.

Véase Introducción, 2., pág. 2 sobre "tradicionalista" y III., 4., pág. 31 sobre "almaísmo inmortal." AM persiste en su falsa representación de su oponente. En esto consiste su fuerza de persuasión.

AM supone lo que no ha probado. "La gran mayoría de enseñanza bíblica sobre la naturaleza VERDADERA del hombre y de su destino final" no aprueba en nada el Holismo, como esta obra

de refutación ha demostrado claramente. Según la reclamación de AM, lo que contradice su falsa doctrina es en contra de la enseñanza bíblica. Esto lo puede decir cualquier maestro sectario. Pero un "ipse dixit" no es prueba de nada.

Dice 2 Cor. 5:6-9, "Así que vivimos confiados siempre, y sabiendo que entre tanto que estamos en el cuerpo, estamos ausentes del Señor 7 (porque por fe andamos, no por vista); 8 pero confiamos, y más quisiéramos estar ausentes del cuerpo, y presentes al Señor. 9 Por tanto procuramos también, o ausentes o presentes, serle agradables."

Pablo deseaba partir para estar "con Cristo" (Fil. 1:23). En un pasaje colmado con aliento, el apóstol afirma que "estar ausente del cuerpo" (es decir, estar muerto) es, en realidad, estar "presentes al Señor" (2 Cor. 5:8). La expresión "presentes," se usa en el griego como "uno entre su propia gente, en su propio país" en contraste con "uno fuera de casa." Estos términos no indican inexistencia, sueño o aniquilación.

¿Qué puede ser más claro? Para Pablo morir significaba partir (del cuerpo que retorna al polvo del cual fue tomado) y estar en el cuidado de Cristo; o sea, en el reposo del Hades. Para el Holismo, morir es dejar de existir. ¡Todo está en el sepulcro y ya no existe!

Este pasaje prueba que el gozo del cristiano fiel al morir no tiene que esperar hasta el día de la resurrección. El fiel parte del cuerpo y está presente al Señor al estar en el reposo del Hades, lugar preparado por el Señor para los fieles que mueren en él. Para Pablo hay existencia fuera del cuerpo, pero para AM cuando muere el cuerpo *todo (= el holismo)* deja de existir. Para Pablo el cristiano puede ser agradable al Señor fuera como dentro del cuerpo. Para AM el cristiano puede serle fiel solamente dentro de cuerpo, porque fuera del cuerpo no hay nada que exista que pueda agradar a nadie.

¿Cómo puede AM creer en la "resurrección" porque su doctrina no lo permite; por lo tanto sólo le queda la "recreación" para luego otra aniquilación. Ellos tienen dos aniquilaciones, la primera en la muerte y la segunda en el infierno.

Dice Fil. 1:21-23, "Porque para mí el vivir es Cristo, y el morir es ganancia. 22 Mas si el vivir en la carne resulta para mí en beneficio de la obra, no sé entonces qué escoger. 23 Porque de ambas cosas estoy puesto en estrecho, teniendo deseo de partir y estar con Cristo, lo cual es muchísimo mejor." Al morir Pablo partiría del cuerpo pero estaría con Cristo al hallarse en el Hades, el lugar que Cristo ha preparado para el reposo del fiel, y no sin existencia hasta el día de la resurrección. (Lo que no existe no puede ser resucitado, sino solamente recreado).

Para Pablo morir es ganancia, pero para AM morir es no existir; es aniquilación. ¿Qué ganancia hay en la aniquilación? Para Pablo morir sería "muchísimo mejor," pero para AM ser aniquilado es muchísimo mejor. ¿Qué mejoramiento hay en el no existir? ¡Curiosa doctrina el holismo!

Las interpretaciones claras y fáciles de entender de estos dos pasajes no se oponen nada a la enseñanza bíblica sobre la naturaleza del hombre (1 Tes. 5:23; Mat. 10:28; 17:3; 22:32) pero sí se oponen al Holismo.

46. Él (TT) citó a Albert Gardner quien escribió: "Es fácil ver que aquella *Vida* es de la misma duración como el *Castigo* de los malos. Si uno es temporario, también lo es el otro." El error de Gardner, por supuesto, consiste en pensar que la posición condicionalista es que el castigo de los malos es temporario. Nada puede ser más lejos de la verdad. Ambos el castigo de los malos y la bendición de los justos son perdurables. *Ambos* son "*aionios*." Como explicado en una sección anterior, este término puede ser usado cualitativamente y cuantitativamente en las Escrituras, y de veras se emplea tanto de una manera como de otra. También es importante definir la naturaleza del *castigo*. "La paga del pecado es *muerte*, más la dádiva de Dios es *vida* eterna en Cristo Jesús Señor nuestro" (Romanos 6:23). Los dos destinos son perdurables. Por tanto tiempo que los redimidos VIVAN los no redimidos estarán MUERTOS. Tanto la vida como la muerte son para siempre. Los justos siempre estarán vivos y los malos siempre estarán muertos. Ninguno es temporario sino para siempre.

bhr — AM representa mal a Gardner. Este al decir "temporario" se refiere al castigo *sensible* que según AM será por un tiempo limitado para luego ser seguido ello de aniquilación. Mateo 25:46 dice "castigo," no "el efecto del castigo."

EL ALMA, EL ESPÍRITU DEL HOMBRE Y EL CASTIGO ETERNO | 133

AM astutamente ¡cambia de términos! El falso maestro depende de su astucia para persuadir a sus oyentes de la doctrina propuesta. Notaremos este cambio.

Mat. 25:46 dice: "E irán éstos al *castigo* eterno, y los justos a la *vida* eterna." Subrayo las dos palabras claves en el texto inspirado. Son castigo y vida. AM niega lo que dice Gardner y afirma que el castigo de los malos no va a ser temporario sino tan perdurable que "la bendición" de los justos. Cristo no dijo "bendición" sino "vida." AM cree en la aniquilación (no existencia) de los malos después de ser castigados con fuego. No cree que el castigo de ellos vaya a ser eterno, sino que solamente *el efecto* (no el proceso) del castigo será eterno.

AM deja el pasaje tratado (Mat. 25:46) y mete el pasaje Rom. 6:23 para poder cambiar de términos y ahora hablar de *muerte y vida*, en lugar de *castigo y vida*. Astutamente cambio de contexto para jugar con las palabras. Él dice: "Los justos siempre estarán vivos y los malos siempre estarán muertos," y define la palabra "muerte" como aniquilación. Lo que debe decir, siendo honesto, es que los de vida estarán viviendo, y los de castigo estarán siendo castigados. Por no querer admitir esto, cambia de términos y hace su conclusión falsa. El falso maestro escribe su propio "diccionario teológico" y da a las palabras la definición deseada. AM no puede con Mat. 25:46 y por eso pasa a Rom. 6:23 y luego define la palabra "muerte" como si significara "aniquilación."

¿Con qué clase de lógica puede él interpretar que *aionios* es cualitativo en un caso y cuantitativo en el otro caso, los dos casos estando juntos en el mismo versículo?

Pablo dijo que "la paga del pecado es muerte," no que "la definición de la naturaleza del castigo es la muerte." Los dos pasajes diferentes tratan puntos diferentes. AM quita y pone palabras como quiera. La razón dada por Pablo en Col. 2:4 es vital para los lectores de AM.

AM tiene a los justos viviendo para siempre porque dice Cristo que la vida para ellos es eterna pero rehúsa tener a los malos siendo castigados para siempre aunque Cristo dice que el castigo para ellos es eterno. AM no habla del *efecto de la vida* referente a la vida para los redimidos, que solamente es eterno el efecto, pero no la vida misma, sin embargo insiste en decirnos que es *el efecto del castigo* que es eterno referente al castigo de ellos, que no es el castigo mismo. Sin la ayuda de AM, ¿quién leyendo Mat. 25:46 sacaría tal idea. ¡Nadie! Cristo sencillamente declara que hay dos destinos, la vida y el castigo, y que los dos son eternos en el mismo sentido.

Según el erudito Sr. W. E. Vine en su obra DICCIONARIO EXPOSITIVO DE PALABRAS DEL NUEVO TESTAMENTO, la muerte es "la separación del alma (la parte espiritual del hombre) del cuerpo (la parte material), dejando el segundo de funcionar y volviendo al polvo." Espiritualmente hablando, dice que la muerte es "la separación del hombre de Dios ... La muerte es el opuesto de vida; nunca denota no existencia. Como la vida espiritual es 'existencia consciente en comunión con Dios', así la muerte espiritual es 'existencia consciente en separación de Dios.'"

47. Hech. 3:23 en la Ver. Reina Valera 1960 emplea la palabra "desarraigada" pero otras versiones buenas dicen "destruida" (American Standard, LBLA, YLA, etc.). Comentando sobre la palabra "destruir" (Hech. 3:23) AM dice: "Ésta es la palabra griega '*exolothreuo*' que aparece solamente aquí en todos los documentos del Nuevo Pacto. Significa 'exterminar; destruir completamente'... 'matar totalmente' ... 'destruir completamente, exterminar — completa exterminación'... En otras palabras, este término es precisamente una declaración tan enfática de exterminación y aniquilación."

bhr — AM cita a varios autores sobre la definición de palabras griegas, pero ninguno dice que el vocablo griego signifique "aniquilación." AM lo mete por implicación y sin autoridad alguna excepto su propio "ipse dixit." El renombrado Sr. Thayer sobre la palabra *exolothreuo* dice: "destruir de su lugar, destruir completamente, extirpar." No dice nada de aniquilar porque el término involucra una extirpación, un desarraigo, no una aniquilación.

En Mat. 10:28, "destruir el alma," la palabra griega para "destruir" es *apollumi*. W.E.Vine dice que "*la idea que comunica no es de extinción, sino de ruina; no del ser, sino del bienestar.*" Luego Vine da ejemplos del uso de este vocablo griego en varios pasajes como Luc. 5:37, la rotura de los cueros de vino; Luc. 15:24, el hijo perdido; Jn. 6:27, la comida que perece; etc. ¿Se aniquilaron los cueros, el hijo, y la comida? ¡Claro que no! ¿Es tan difícil ver que se arruinaron?

El Sr. Thayer dice con respecto al vocablo "apollumi" que significa "destruir, perecer, arruinar … incurrir la pérdida de vida verdadera o eterna; ser entregado a la miseria eterna." La palabra "aniquilación" o "extinción" no es parte de sus definiciones. Dice Pedro que el mundo del tiempo del Gran Diluvio pereció, no que fue aniquilado (2 Ped. 3:6).

48. Así se refiere TT acerca de discípulos devotos como Edward Fudge y Leroy Garrett como hombres que "han dejado la verdad y cesados de contender por 'la fe una vez entregada a los santos." Esto, por supuesto, es tontería absoluta. También castiga discípulos buenos y honestos de Cristo como de ser hombres que "ni aun dispuestos de aceptar lo que enseña la biblia sobre las condiciones de salvación, la adoración según el Nuevo Testamento, la naturaleza y obra de la iglesia del Nuevo Testamento, y una hueste de otros asuntos." Para los lectores no familiarizados con esta mentalidad ultra-legalista, esta retórica inflamatoria solamente significa que estos hombres simplemente han llegado a convicciones diferentes de las tomadas por Tomás y sus compañeros facciosos, y así es que estos hombres que se atreven a diferenciarse de ellos son todos considerados como apóstatas dirigidos directamente al Infierno. Según el pensar de Tomás un sinnúmero de años de tortura no es castigo suficiente para los pecados de comer un sándwich en el local, ayudar a un huérfano de la 'tesorería' de la iglesia, observar la Cena del Señor en cualquier día que no sea domingo, o usar un instrumento como acompañamiento cuando se cantan alabanzas al Padre. En la vista mía, tal enseñanza impía como la abrazada por Tomás solamente refleja un corazón empobrecido, uno desprovisto de cualquier percepción verdadera de la naturaleza de Jesús o de la Verdad. ¿Debiéramos mirar seriamente a tales almas enfermas por percepción clara con respecto a la Palabra? ¡Dios no lo quiera!

bhr — Con su lenguaje tan crudo y carnal AM es quien no conoce la naturaleza de Jesús o de la Verdad. La verdad no emplea tales tácticas. Su defensa de la teoría holística no impresiona bien al lector objetivo.

Una de sus testigos, Leroy Garrett, escribió un artículo sobre la colecta de cada domingo de la iglesia local titulado "La estafada del domingo por la mañana." Se burló de la colecta que la iglesia local hace cada domingo. AM y sus colegas defienden el uso de instrumentos de música en la iglesia, de ancianas en la dirección de las congregaciones, del sostenimiento de instituciones humanas por las cuales trabajar las iglesias locales, la comunión con los sectarios y la obra social en la iglesia (jugar y comer). Pero si los testigos de uno no están de acuerdo con AM él no tiene nada para ellos sino desdén.

49. En resumen, la naturaleza del hombre es: ¡Cuerpo + Aliento = Ser! El hombre es una suma unificada, no una conglomeración de entidades distintas.

bhr — Nadie afirma "conglomeración." AM exagera a propósito y para predisponer. Él tiene dos entidades, cuerpo y aliento y lo llama "suma unificada," pero al decir uno *tres* entidades (espíritu, alma y cuerpo, 1 Tes. 5:23) según él eso es "conglomeración de entidades distintas." ¡Muy amable el hermano! Alguien se equivocó entonces, o es Pablo (un hombre inspirado) o es AM.

50. El hombre es enteramente mortal en naturaleza; ninguna parte de él es *inherentemente* inmortal. TT, lamentablemente, ha abrazado el dualismo del paganismo. Mi oración es que algún día él reconozca esta decepción y venga a percibir la Verdad bíblica con respecto a la naturaleza del hombre.

bhr — El Condicionalista (el que cree en el Holismo), como AM, niega lo que afirma el apóstol Pablo en 1 Cor. 2:11, "Porque ¿quién de los hombres sabe las cosas del hombre, sino el espíritu del hombre *que está en él?*" El espíritu en el hombre es una entidad en el hombre con la capacidad de saber cosas; no es sencillamente aliento o aire en los pulmones del cuerpo físico. Considérense también Dan. 7:15, Se me turbó el espíritu a mí, Daniel, *en medio de mi cuerpo*, y Zac. 12:1, Jehová, que … forma el espíritu del hombre *dentro de él.* Cuando el hombre muere físicamente su espíritu vuelve a Dios quien lo dio (Ecle. 12:7, y el polvo vuelva a la tierra, como era, y el espíritu vuelva a Dios que lo dio). El espíritu no deja de existir. Dios lo tiene en el Hades hasta el día de la resurrección; entonces la muerte y el Hades entregan los cuerpos y espíritus para el Juicio Final (Apoc. 20:13).

La palabra "inmortal" significa no estar sujeto a la muerte, y la muerte, tanto la física como la espiritual, *es separación*. El espíritu del hombre está sujeto a la separación de Dios (Mat. 25:41; 2 Tes. 1:9) y por eso es incorrecto decir, como algunos equivocados afirman, que el alma, o espíritu, del hombre es inmortal. Es que confunden la "inmortalidad" con la "existencia sin fin." El espíritu que Dios da a cada ser humano (Heb. 12:9) es del Dios eterno y ese espíritu tiene existencia sin fin, o "vivo" (unido) con Dios eternamente, o "muerto" (separado) de Dios eternamente (Mat. 25:46).

Los Condicionalistas atribuyen a autores griegos paganos el origen del concepto del llamado "dualismo" (cuerpo y espíritu). ¿Qué tiene que ellos estuvieran algo en la verdad en su pensar sobre esto? Las Escrituras fueron escritas por hombres dirigidos por el Espíritu Santo (2 Ped. 1:21; Jn. 16:13), no por ideas de paganos. Cristo, al decir lo de Mat. 10:28 no abrazó el dualismo del paganismo.

El mismo fundamento de la argumentación holística es afirmar que de alguna manera un cierto "dualismo pagano" afectaba tanto la hermandad cristiana del siglo primero que no pudieran entender correctamente las palabras de Jesús y de sus discípulos sobre la naturaleza humana y su comprensión equivocada al entender que hay un espíritu en su cuerpo dio inicio a una creencia 'tradicional" que ha seguido hasta la fecha, excepto en los tan iluminados Condicionalistas de hoy. Sin esta fabricación el Condicionalista no tiene fundamento sobre el cual construir su pobre argumentación. Ellos no atribuyen a los primeros cristianos la inteligencia normal para entender bien a Cristo sobre los pasajes principales tratados en esta obra. ¿Cómo es que el paganismo no les cegara en cuanto a otras muchas enseñanzas inspiradas? El sectario, al negar que el bautismo es para perdón de pecados acusará a AM de seguir una "tradición" Iglesia de Cristo" o "Campbellista." ¿Aceptará AM la acusación? Tampoco aceptamos su acusación fabricada sobre creer una posición que el tilda de "tradición."

AM, el hno. Leroy Garrett, y otros, nada más repiten el argumento fundamental del Holismo que es eso de "dualismo pagano." ¡Qué conveniente! Promueven su falsedad representando mal a sus oponentes y tildándoles de etiquetas feas; éstas son tácticas de todo falso maestro.

IV. CITAS DEL HNO. LEROY GARRETT y mis comentarios y refutaciones precedidos por mis iniciales, bhr, y en tipo negrito.

Hacia el final del Debate Maxey – Thrasher AM presenta un artículo breve escrito por Leroy Garrett, como un esfuerzo adicional para persuadir a sus lectores. A continuación cito de este artículo y hago comentarios sobre él. Primero hago del conocimiento de mis lectores que Leroy Garrett ha dejado la fe y ahora es de los más liberales de la hermandad (juntamente con AM). Comulga con los sectarios y promueve prácticas puramente denominacionales. No presenta nada nuevo en su artículo sino solamente repite como un perico la línea de argumentación "tradicional" (como suele AM representar a sus oponentes) de los Condicionalistas. AM cree que con repetir lo mismo, de parte de un colega suyo, de alguna manera va a persuadir a sus lectores de su falso holismo.

1. Comienzo con la asunción de que todos estaremos de acuerdo, si nos detenemos para pensarlo, de que el "fuego" del infierno es un término figurado y que no puede ser tomado literalmente. Como (la frase—bhr) "la calle de la ciudad es de oro puro" que describe al cielo (Apoc. 21:21) es figurada, así es "el lago de fuego y azufre" que describe al infierno (Apoc. 20:10). Que el fuego del infierno sea figurado no quita nada de su horror es tan evidente que el oro del cielo no quita nada de su magnificencia. Cuando Dios nos habla tiene que ser en símbolos que podemos entender. El oro es precioso y espléndido por eso nos dice que el cielo es así.

bhr — No, no estoy de acuerdo con LG. El fuego del infierno no es simbólico. Sí hay símbolos en Apocalipsis (como la calle de oro) pero no todo en el libro es simbólico. Dios es fuego consumidor (Heb. 12:29), simbólicamente hablando, aunque de naturaleza es espíritu (Jn. 4:24). Pero el fuego de 2 Ped. 3:7 es LITERAL, como también el agua mencionada en el ver. 6. Esto LG lo admite. Ahora, Dios ha preparado un fuego especial (Mat. 25:41) para el propósito de castigo eterno (Mat. 25:46). (Éxodo 3:2 es un ejemplo de preparar Dios un *fuego especial* para cierta ocasión). Mat. 25:41 no dice que Dios ha preparado un "castigo como de fuego," texto que hablaría de fuego simbólico, sino que ha preparado un FUEGO. El Condicionalista cree que el fuego literal de hoy que el hombre conoce en esta vida, que es un fuego que consume materiales físicos, es el fuego que Dios va a emplear para castigar (temporalmente) a los malos en el infierno. Tal fuego no sirve para consumir almas, o espíritus, pero LG no cree que el hombre tenga espíritu aparte del cuerpo. No obstante, tiene a un fuego literal quemando a los malos, *sin consumirles* por un tiempo, y luego de repente ese fuego les consume literalmente y ellos se acaban aniquilados. ¿Cómo es que no les consume con rapidez, pues así consume a cuerpos el fuego literal conocido en esta vida? ¿No sabe él de cómo es la cremación practicada en esta vida?

El simple hecho de haber lenguaje simbólico en la Biblia no prueba que en un dado caso el pasaje sea simbólico. El "ipse dixit" de LG no basta para decidirnos sobre lo literal o simbólico de un dado pasaje.

Nos dice LG que "Cuando Dios nos habla tiene que ser en símbolos que podemos entender." No, no tiene que ser así, ¡ni lo es! ¿Es Hech. 2:38 simbólico? Para los bautistas el bautismo es nada más una señal de una gracia interior. ¿Está LG de acuerdo con ellos? Yo, no. ¿Es simbólico lo que Dios nos habla en 1 Cor. 16:1,2; Col. 3:16; 2 Tes. 2:15; 3:6; y otros muchos pasajes semejantes? El fuego de Mat. 25:41 es literal y LG lo cree. ¿Cómo que no sea literal el fuego de Apoc. 20:10,14,15? ¿No son literales el diablo, Satanás, y las personas cuyos nombres no están escritos en el libro de la vida? Fueron lanzados a algo; ¿a qué fue? Recuérdese que el texto no dice que fueron lanzados a un castigo *como de fuego y azufre*, y que en realidad fue a la aniquilación. ¡Fue al lago de fuego! El Condicionalista no cree que ese lago de fuego sea de fuego literal preparado por Dios especialmente para su propósito de castigarlos con castigo eterno (Mat. 25:46). El cree que el castigo de Mat. 25:46 es literal pero no eterno; es más, cree que es el mismo fuego que él emplea en esta vida física, fuego que consume en seguida al material que se ha encendido.

El holísta tiene muchos problemas con las Escrituras. Cree que el mismo fuego literal que quemará al universo (2 Ped. 3:7,10) servirá para castigar a los malos no arrepentidos. Esto es curioso, porque cree que este tormento de fuego durará por un tiempo indefinido sin consumirlos, y por fin ("después de castigo justo," dice LG), de repente les consumirá. Pero el fuego literal conocido por el hombre en esta vida no actúa así.

2. Que Dios levantara a los malos y les diera inmortalidad solamente para atormentarles sin fin en un infierno del diablo es tanto grosero como vulgar, y aún blasfemo. Un tal Dios no es el que se describa en la Biblia.

bhr — Como vimos en el caso de AM, ahora LG sale con las mismas falsas representaciones; él escoge sus "palabras persuasivas" (Col. 2:4) con cuidado. No se afirma que Dios dé inmortalidad a los condenados al infierno. La existencia perpetua del espíritu no es inmortalidad. La inmortalidad es la condición de no poder morir; es separación, sea física o espiritual. El condenado en el infierno ya estará separado de Dios (2 Tes. 1:9). ¿Cómo que creemos que el condenado sea inmortal? ¡Qué grato LG que llame "grosero, vulgar y blasfemo" a lo que no afirmamos! Es una táctica carnal de una teoría insostenible que él propaga. No obstante, el Dios descrito en las Escrituras es "severo" (Rom. 11:22), de "ira, enojo, tribulación y angustia" (2:8,9), y "horrenda cosa es caer en las manos del Dios vivo" (Heb. 10:31).

Dios no levantará a los malos para darles inmortalidad. Da a cada quien al nacer en este mundo un espíritu existente sin fin que después del Juicio Final vivirá (= unido) con Dios eternamente, así recibiendo inmortalidad, o morirá (= separación) hallándose separado de Dios eternamente en castigo (Mat. 25:46).

3. Sobre el Universalismo LG escribe:

Es un universalismo modificado en gente que irá al infierno y será castigada por sus pecados. Pero el Dios de amor y misericordia no puede perder la vasta mayoría de las almas que creó, y no los perderá. Eventualmente será redimida toda la creación — el mundo, el universo, y toda la humanidad. Por eso el fuego del infierno será penitencial. Los malos serán purgados de sus pecados, justamente castigados, algunos con pocos azotes, y algunos con muchos, pero finalmente Dios será victorioso y todas las almas serán suyas por toda la eternidad. Esto cumple la promesa de Pablo de que "Porque así como en Adán todos mueren, también en Cristo todos serán vivificados" (1 Cor. 15:22). No una fracción pequeña, sino todos eventualmente.

bhr — No, eso no cumple la promesa de Pablo. Lo que Pablo dice en el ver. 22 se cumplirá en la segunda venida de Cristo (ver. 23), y no después de un tiempo de algún castigo purgativo en el infierno de después del Juicio Final. El caso trata de la resurrección de toda la humanidad en la segunda venida de Cristo (Jn. 5:28,29). La resurrección de Jesús hará posible la resurrección de todos los hombres en el día final para el Juicio Final. (Nota: LG no acepta el universalismo en su totalidad).

4. **Hablando acerca de los llamados "tradicionalistas," dice LG:**

Uno de los textos de prueba que se dice incontrovertible es Apoc. 14:10-11, donde "el humo de su tormento sube por los siglos de los siglos. Y no tienen reposo de día ni de noche." Aparte de la licencia de poesía que puede usarse en un libro simbólico tal como es Apocalipsis, la idea de ser tormento eterno no necesariamente signifique sin fin.

bhr — Al decir "no necesariamente" es admisión de que tal significado, es decir, "sin fin" sí es posible. Es más; LG hace que el pasaje signifique aniquilación terminal y ¡de esto está seguro!

Si uno traza la palabra ("eterna," bhr) a través de las Escrituras hallará numerosas cosas descritas como "eternas" que no eran sin fin sino durables por el tiempo necesario para cumplir su propósito, como la Pascua judaica ser para siempre (Éxo. 12:24) y el templo de Salomón ser para siempre (1 Reyes 8:13).

Sí, ¿y qué? Se admite libremente que la palabra "eterno" (para siempre) a veces se emplea así, pero la cuestión es ésta: ¿Cómo establecer cuál de los dos sentidos tiene la palabra en un dado caso? ¿Con fin o sin fin? Esto no lo hace LG.

La palabra "eterna" (o "para siempre") se emplea en maneras para sugerir sin fin, como en Mat. 25:41, "Apartaos de mí, malditos, al fuego eterno preparado para el diablo y sus ángeles." Cuando unido esto con el verso 46 donde "castigo eterno" y "vida eterna" son usadas las dos frases, este argumento parece impregnable. El castigo eterno tiene que perdurar tanto tiempo que la vida eterna, dicen ellos.

Sí, lo decimos (porque el pasaje en su contexto lo demanda) y usted lo niega (porque su doctrina no lo permite).

Aunque es verdad que "eterno" o "para siempre" a veces significan sin fin, el caso no es siempre así.

Es cierto, pero LG en un dado caso le da el significado según su preferencia al hacer su "argumento impregnable," sin darnos la razón de por qué así argumenta). El va a pasar a darnos un pasaje en que argumentará que "eterno" no significa sin fin, pero eso solo no probaría que aquí en Mat. 25:41,46 "eterno" no signifique sin fin. Notemos el argumento "tradicional" de los holistas que nos da LG:

Judas 7 se refiere a Sodoma y Gomorra como siendo destruidas por "fuego eterno," pero esas ciudades aún no están encendidas. Una referencia similar en 2 Pedro 2:6 dice que esas ciudades fueron reducidas a cenizas y condenadas a la destrucción, que es lo que significó "fuego eterno." Que es, fue fuego que encendía hasta cumplir su propósito."

Esta falsa línea de argumentación se trata ampliamente al considerar ciertos escritos del Sr. Bacchiocchi. Véase II., C., 2., pág. 26, 27.

(La frase) "Eterno," si de referencia a castigo o a vida, se refiere más a resultado que a proceso y es más cualitativo que cuantitativo.

Por decir LG la palabra "más" él admite que el término "eterno" PUEDE REFERIRSE aunque "menos" al proceso de estar castigando (cuantitativo) aunque él cree que MÁS se refiere al "resultado" (que para él es la aniquilación). Pero su afirmación es nada más su "ipse dixit." No presenta pasaje de prueba. Pero sí nos ofrece su idea humana, diciendo:

(¿Cuál padre castigaría a su hijo sin fin?)

Él aprendió esta analogía en forma de pregunta de los Testigos de Jehová. Siempre salen con que "Ningún padre no echaría a su hijo a un horno." No creen en la existencia del infierno. Ellos, y LG, limitan a Dios según los límites que ejercen los padres humanos. Parece que nunca han leído Isa. 55:8,9.

El punto de "castigo eterno" no significa que (el castigo) siga para siempre, sino que su resultado no puede ser deshecho.

Qué prueba presenta para su conclusión? ¿Es la vida eterna de Mat. 25:46 una vida sin fin o un resultado que no puede ser deshecha?

Así es con (la frase) "destrucción eterna": el proceso de ser destruido no es perpetuo, pero su resultado es final e irreversible. Sodoma fue destruida y se quedó destruida; eso es "destrucción eterna."

El texto sagrado (Judas 7) no dice "destrucción eterna" sino "fuego eterno."

Así es con (la frase) "destrucción eterna": el proceso de estar siendo destruidos no es perpetuo, sino su resultado es final e irreversible. Sodoma fue destruida y se quedó destruida; eso es "destrucción eterna."

¿Cómo puede estar tan seguro de su conclusión dado que ya ha admitido que "eterno" o "perpetuo" puede significar sin fin?

Judas no compara proceso con resultado. Todo eso es fabricación y "tradición" del holismo. Dice simplemente "fuego eterno." El "ipse dixit" de LG no vale más que él de cualquier otra persona. No prueba nada.

5. **La vista condicional** significa que la inmortalidad no es dada incondicionalmente a todo el mundo, sino solamente a los a quienes él otorga gracia y salvación por Jesucristo. Esto me impresiona como la vista más defendible en consideración de todo lo bíblico. Libera a la fe cristiana de enseñar un dogma que tienta a la gente a ver a Dios como algún diabólico salvaje cósmico. Si el Dios del cielo somete a un sinnúmero de billones a un tormento interminable e indecible, eso solamente puede ser visto con un horror infinito.

bhr — LG y sus colegas siempre al hablar de nosotros emplean el término "tormento" (con adjetivos) pero luego al representarse a sí mismos dicen "castigo." Esto es hecho para efecto.

LG se olvida del hecho que el holista cree en el mismo castigo que el llamado "Tradicionalista" con la principal diferencia de duración: él por un tiempo limitado antes de la demandada aniquilación, y nosotros por una eternidad. Por eso le preguntamos: ¿Presenta la doctrina suya del castigo para los malos, por un

tiempo limitado, a Dios como un "diabólico salvaje cósmico"? Los Condicionalistas y nosotros todos estamos en el mismo barco: Dios va a castigar a los malos en el infierno. La manera de castigarlos es igual en las dos posiciones. Pero ellos presentan su caso como acción de un Dios de gracia y compasión pero presentan a sus oponentes con un Dios diabólico y salvaje. ¡Qué gratos son!

6. Si por otro lado es como dice Pablo, "la paga del pecado es la muerte," será visto cuando menos de manera entendible si no justa.

bhr — LG basa su doctrina en lo que le parezca entendible por conceptos y vistas humanos.

Aun los hombres a veces ejecutan sus compañeros por crímenes cometidos. Pero cuando los ahorcan o los electrocutan no siguen ahorcándolos o electrocutándolos en perpetuidad.

¡Eso es ridículo! No lo pudieran hacer si lo quisieran. La cuestión, al considerar Mat. 10:28, no es matar a un cuerpo sino matar al alma.

Son ahorcados o electrocutados "eternamente" en que es un resultado final y que no puede ser abrogado.

Nadie afirma que ahorca o electrocuta "eternamente." Pero ¡Dios sí revela lo que va a hacer con los malos después del Juicio Final! LG tiene problema con quedarse con el tema.

V. INTERROGANTE Y RESPUESTA #1637. ¿POR QUÉ SERÁ ETERNO EL CASTIGO EN EL INFIERNO?

Aquí inserto el #1637 de mi serie INTERROGANTES Y RESPUESTAS que aparece en mi sitio web, billhreeves.com

"Estimado señor Reeves, llego a usted con unas inquietudes que me surgen de vez en cuando y son las siguientes:

¿Por qué Dios permite que haya tanta confusión religiosa? ¿No hubiese sido mejor que la predicación la llevaran a cabo los ángeles antes que humanos imperfectos? Me llama poderosamente la atención que el mensaje más importante de la historia de la humanidad y que es el evangelio se haya puesto en manos de humanos llenos de debilidades que en vez

de predicar el evangelio verdadero lo pervierten y mientras tanto las personas mueren alrededor del mundo sin escuchar de ese evangelio verdadero para terminar siendo condenadas al castigo eterno ya que después de la muerte física no hay mas oportunidad de salvación.... Si la inmensa mayoría de la humanidad va a terminar en el infierno entonces ¿de quién será la victoria final, de Satanás o de Jesucristo? Y en su caso personal señor Reeves, si su destino final termina siendo el cielo ¿podrá tener felicidad y dicha plena sabiendo que conjuntamente existirá un lugar llamado infierno donde tal vez haya amigos parientes y conocidos suyos sufriendo ese castigo eterno? Dios nos insta a perdonar para ser perdonados, de lo contrario no nos salvaremos, entonces ¿cómo es que El no perdona a esas personas que estarán en el fuego eterno? Ningún humano pidió venir a vivir en esta tierra (nunca tuvimos elección, nos enviaron) y por lo tanto no creo que sea justo que al final de la vida (que de por sí está llena de sufrimientos) terminemos en un infierno de fuego para toda la eternidad, HUBIESE SIDO ENTONCES MEJOR NO HABER NACIDO. Entiendo que Jesús tuvo sus padecimientos y como Dios que es puro y recto NO mereció ese sufrimiento y castigo, pero la cuestión es que él SE OFRECIÓ PARA ESE SACRIFICIO Y MUERTE EN CRUZ, que fue temporal. Si su castigo y muerte en la cruz fue TEMPORAL (azotes, torturas y crucifixión) ¿por qué entonces el castigo de los que no obedezcan el evangelio es eterno?

—

El mensaje arriba se basa en una serie de preguntas diseñadas para contradecir clara enseñanza bíblica y para promover sentimientos y razonamientos solamente humanos. ¿Cuántos textos bíblicos citó el amigo al presentar sus ideas? ¡Ninguno! Voy a contestar sus preguntas una por una para desenmascarar sus errores de razonar.

1. "Porque Dios permite que haya tanta confusión religiosa?"

Esta pregunta implica que Dios tiene culpa por dejar existir la "confusión religiosa" en el mundo. La dicha confusión existe debido al corazón endurecido del incrédulo (Mat. 13:1-23). Dios hizo al hombre a su imagen (Gén. 1:26), y eso con libre albedrío. El hombre no es un "robot" mecánico. Es libre para escoger (Jos. 24:15). La culpa de la confusión es del hombre y Dios la permite como prueba de la fe del creyente, advirtiendo al hombre repetidas veces en las Escrituras para que el hombre no se deje engañar (Mat. 7:15-23). Considérense también Hech. 20:29-31; Rom. 16:17,18. El que no ama la verdad merece el engaño (2 Tes. 2:11,12).

2. "¿No hubiese sido mejor que la predicación la llevaran a cabo los ángeles antes que humanos imperfectos?"

El problema no queda con el mensajero sino con el oyente. Los hombres escogidos por Dios (Hech. 10:41,42) fueron comisionados por Jesucristo a ir a todo el mundo a predicar, guiados por el Espíritu Santo (Hech. 1:8,9; Jn. 14:26: 15:13). La imperfección del hombre no tuvo parte en la predicación de los hombres inspirados por el Espíritu Santo, sino que hablaron "según el Espíritu les daba que hablasen" (Hech. 2:4). No dependían de su propia memoria (Jn. 14:26).

En cuanto a ángeles, si alguno hubiera hablado "otro evangelio diferente del que" los apóstoles anunciaban, habría sido anatema (Gál. 1:8). Dios no anunció el evangelio por medio de ángeles (2 Cor. 4:7; Heb. 2:3,4). ¿Es el hombre más sabio que Dios que sugiera otro plan distinto del divino? ¿Se equivocó Dios?

3. Se le llama "poderosamente" al autor la atención, sobre que el evangelio fuera puesto en manos de humanos llenos de debilidades, a que no fue puesto en tales hombres, sino en mensajeros escogidos de Dios Hech. 10:40-43) y guiados por el Espíritu Santo (Mat. 10:19; Jn. 16:13; Heb. 2:4; 2 Cor. 4:7). El autor representa mal el caso. Con razón está confuso. Con razón no citó ni un pasaje bíblico en todo su escrito negativo.

4. Él pregunta: "Si la inmensa mayoría de la humanidad va a terminar en el infierno entonces ¿de quién será la victoria final, de Satanás o de Jesucristo? ¿No habrá leído tales pasajes como Col. 2:15; 1 Cor. 15:54-58; Apoc. 17:14; 20:10; 6:2; 15:2; 1 Jn. 5:4; Mat. 12:20? ¿Es mi amigo, el autor, más sabio que Dios para determinar lo que es victoria? Hay quienes afirman que la única victoria tiene que consistir en que Dios aniquile a Satanás, pero Dios revela otro plan (Rev. 14:9-11; 20:10). ¿Cree el autor que Apoc. 20:10 representa victoria para el Diablo y sus asociados?

5. El autor me levanta esta pregunta para cuando yo esté el cielo: "¿podrá tener felicidad y dicha plena sabiendo que conjuntamente existirá un lugar llamado infierno donde tal vez haya amigos, parientes y conocidos suyos sufriendo ese castigo eterno?" Él implica que yo tendré que contestar que no podré tener felicidad bajo esas circunstancias. Pero está bien equivocado, pues nadie estará en el cielo que

no esté de completo acuerdo con la mente de Dios y el juicio de Dios (Apoc. 15:2-4). No habrá nada de infelicidad en el cielo (Apoc. 21:1-7).

6. La locura del razonamiento humano y rechazo de revelación divina se ve en esta pregunta del autor: "Dios nos insta a perdonar para ser perdonados, de lo contrario no nos salvaremos, entonces ¿cómo es que El no perdona a esas personas que estarán en el fuego eterno"? Dios no quiere que nadie se pierda, ofreciendo por el evangelio el perdón de pecados (2 Ped. 3:9; Heb. 8:12; Hech. 2:38). El autor haría bien en leer Rom. 2:1-11; y 2 Tes. 1:6-9. Él quiere que Dios siga ofreciendo perdón a quiénes rechazan su oferta de perdón en el evangelio. ¿Nos puede el autor asegurarnos que si Dios ofreciera perdón a los designados al tormento eterno (Mat. 25:46) que siempre serían obedientes para recibir perdón? (El perdón de Dios es condicional, Mar. 16:16; Heb. 5:9). Al hombre carnal no le gusta el Dios justo. ¿Sigue el hombre carnal perdonando al que siempre siga atormentándole? ¿Debe el estado "perdonar" a todos los reos y vaciar las cárceles para que ellas no existan?

7. Dice el autor: "no creo que sea justo que al final de la vida (que de por sí está llena de sufrimientos) terminemos en un infierno de fuego para toda la eternidad, HUBIESE SIDO ENTONCES MEJOR NO HABER NACIDO." ¿Qué importa lo que él o yo creamos? Hemos de hablar según las Escrituras (1 Ped. 4:11; Rom. 4:3).

El autor no distingue entre los fieles y los no fieles. Pone a todos en el mismo barco. Si los fieles no hubieran nacido no estarían en el cielo al final del tiempo. Yo me alegro de haber nacido de mis padres y que como cristiano fiel gozo de la promesa de una morada preparada por Cristo para mí en el cielo (Jn. 14: 1-3).

8. Finalmente el autor pregunta: "Si su castigo y muerte en la cruz fue TEMPORAL (azotes, torturas y crucifixión) ¿por qué entonces el castigo de los que no obedezcan el evangelio es eterno?"

Él ignora por completo la diferencia entre los dos propósitos de sufrir. No hay comparación alguna. En cuanto al sufrimiento de Cristo, él dio su vida en muerte física para la remisión de los pecados del hombre (Mat. 26:28; Isa. 53:6,11; Heb. 2:9; Efes. 1:7). En cuanto al sufrimiento de los perdidos en el infierno, será debido a sus propios pecados no arrepentidos (Luc. 13:13; Hech. 17:30; Jn. 8:24). Cristo no pecó (1 Ped. 2:22; 2 Cor. 5:21; Heb. 7:26), pero todo hombre sí ha pecado (Rom. 3:10, 23).

9. Nuestro amigo nada más hace preguntas pero no las contesta. Solamente procura sembrar duda en la mente de sus oyentes. Necesita leer y aceptar la enseñanza de las Escrituras y dejar el razonamiento humano. Entonces podrá respaldar sus conclusiones con las Escrituras bien usadas o trazadas (2 Tim. 2:15).

VI. OBSERVACIONES FINALES

Termino esta obra con algunas observaciones generales. El orden de ellas no implica ningún sentido de importancia. Espero que contribuyan a una comprensión mejor acerca del llamado "holismo."

1. La teoría holística, como toda falsa doctrina, emplea el sofisma (= falso razonamiento para inducir a error — Larousse). La palabra griega, "sofía" significa sabiduría. Los sofisticados se glorían en su propia sabiduría (1 Cor. 2:4,6,13; Sant. 3:15), y su fuerza de persuasión consiste más en el sonido que en la sustancia. Hay que analizar sus palabras y frases con cuidado. Son muy astutos en su manejo del lenguaje. Considérense Col. 2:4; Rom. 16:17,18; Efes. 5:6.

2. Una táctica de todo falso maestro es la falsa representación de la posición de su oponente y de su presentación de la cuestión misma que se discuta. Una falsa representación viene siendo su "hombre de paja" que con facilidad él lo puede tumbar, vencer, derrotar y conquistar. Hay que exponer la falsedad de su representación. No puede representar bien a su oponente y al mismo tiempo derrotarle. Por ejemplo AM nos representa, diciendo que afirmamos que de la muerte sigue la vida en el infierno como si el sufrir castigo eternamente (Mat. 25:46) fuera estar los malos vivos en el infierno. *No están vivos* sino muertos o separados de Dios pero sí existentes en el infierno. La vida (unión con Dios) y la existencia (no aniquilación) ¡no son la misma cosa! No tenemos a los malos muertos "vivos" en el infierno sencillamente porque existen allí.

3. El falso maestro emplea definiciones arbitrarias para las palabras claves de la cuestión bajo discusión, y crea su propio diccionario. Establecida su propia definición, o su propio uso, de ciertas palabras, pasa a argumentar en base a ellos. En esta obra sobre el holismo, vemos que en el debate Maxey – Thrasher, AM siempre

habla del "alma" (como vida en el cuerpo físico que respira) pero casi nunca menciona "espíritu" como palabra sola. La cuestión no es si sobrevive el alma la muerte (si la vida sobrevive la muerte), sino si la sobrevive el espíritu.

A veces el falso maestro astutamente cambia de palabras (por ej., de castigo a muerte) dejando de lado la cuestión y saliendo con otra. El sofisticado cree que el hombre no tan listo no lo capturará. Esto es otra muestra de su desdén por quienes considera inferiores en sofisticación, intelectualidad.

4. El poner etiqueta a su oponente es una táctica favorita que emplea el falso maestro. Un buen ejemplo de esto se ve en la etiqueta de "anti" que los liberales nos tiran, de "campbellistas" que los sectarios nos echan, o de "Tradicionalistas" que los holistas nos pegan. Con esta táctica antigua se espera que el lector (u oyente) se disponga en contra del oponente del falso maestro.

5. Suponer contra probar. El falso maestro llega a muchas conclusiones, suponiendo lo que en realidad no ha probado. Muchos no captan este truco. Por ejemplo, basándose sobre la premisa de que las expresiones "destruir" y "perecer" implican aniquilación o extinción, pasa a concluir que el malo a fin de cuentas será aniquilado. Suponer no es probar.

6. Cuadros opuestos acerca de Dios son presentados por el falso maestro como táctica de su sofisma. En el caso del holista, Dios es bueno, compasivo, y de amor porque castiga un poco (ciertamente no tortura) y luego aniquila al pecador no arrepentido, pero con respecto a la posición del oponente se describe Dios como un "diabólico salvaje cósmico" que tortura por una eternidad al pecador por unos cuantos pecados en una vida corta sobre la tierra. El falso maestro, dirigido por su sofisma, no piensa en tales pasajes como Rom. 11:22. Enfatiza lo que le convenga para ganar una discusión o defender una teoría falsa y con esto apela a las emociones de sus oyentes.

7. Si el castigo eterno (Mat. 25:46) se refiere a una eternidad con respecto al *resultado* del castigo, y no a la duración del acto de castigar, entonces ¿qué pasaje se dirige a la duración del acto de castigar? Se admite que por un tiempo supuestamente no eterno sino limitado los malos serán castigados, entonces ¿dónde en las Escrituras puede uno leer acerca de la duración de ese tiempo? *Los holistas guardan*

silencio. Insisten en que la duración no es eterna, pero no saben por cuánto tiempo será. No pueden citar ningún pasaje que se dirija a la supuesta duración limitada de su creación.

8. ¿Es justo Dios que cause "tortura" "horrible" en los malos por una duración de tiempo limitado para después aniquilarlos? ¿Debe Dios ser tan injusto por un tiempo algo limitado? ¿Cuánto debe durar el tiempo de castigo para que Dios no sea malo al hacerlo? Los holistas no contestan porque no pueden y por lo tanto eso de contestar no va a pasar. Ellos quieren dejar la impresión de que no será por mucho tiempo comparado con la eternidad, pero ¿por cuánto tiempo? Dicen que Dios es demasiado amoroso para atormentar sus criaturas eternamente. ¿Qué, pues, de un tiempo corto?

¿Dónde en las Escrituras se habla de un "proceso de morir?"¿A qué tiempo comienza, cuánto tiempo dura, y cuándo termina (con respecto a tiempo)? ¿Están vivos los malos durante este "proceso" que termina en la "muerte"? ¿No están en la "segunda muerte" (Apoc. 20:14)? ¿No existen durante el tiempo del limitado proceso de ser castigados? El Condicionalista tiene algunas preguntas que contestar.

9. ¿Cómo puede dormir lo que no existe? Si al morir el hombre (cuerpo y alma—el espíritu se ignora), la totalidad—holismo—de la persona, queda sin existencia (está aniquilada), ¡no duerme! Un hombre vivo, que duerme, mientras duerme ¿no existe? Un cuerpo muerto parece un cuerpo dormido, pero estar el vivo dormido no representa la aniquilación. La figura de "dormir" se aplica solamente al cuerpo físico muerto. Según el holista, dicho cuerpo ya ni existe. ¿Cómo puede estar dormido?

En el Nuevo Testamento, la palabra "dormido" viene del griego "koimaomai," que a su vez viene del verbo "keimai" que literalmente significa "acostarse." Los griegos usaban la palabra koimeterion haciendo referencia a un lugar donde los caminantes podrían detenerse para dormir. Por transliteración, de koimeterion obtuvimos nuestra palabra "cementerio," un lugar donde los cuerpos de los muertos duermen. ¿La hijita de Jairo había dejado de existir al morir (Mar. 5:39-43)?

10. Los defensores del holismo hacen gran caso de lo que llaman "el dualismo pagano." Argumentan que los filósofos griegos para el tiempo de los primeros siglos habían implantado la idea de que el

hombre consiste, no en una sola suma (el holismo), sino en dos partes, carne y espíritu. Por ser paganos ¿por eso pensaban mal? ¿No tenían ningún concepto correcto de nada? ¿Qué de lo que dijo Pablo acerca de ellos en Hech. 17:28? ¿Es algo falso solamente porque es expresado por uno no cristiano (Tito 1:12,13; Hech. 5:38,39).

¿Qué dice 1 Tes. 5:23? El *cuerpo* físico tiene *alma* (en el sentido de vida física) si su *espíritu* está en él, y no fuera de él (Sant. 2:26). Pablo menciona a tres partes, los griegos paganos a dos, y los holistas a una sola suma (cuerpo y aliento) que no puede ser dividida en partes, y que por eso al morir el hombre todo está muerto, aniquilado, ya no existe. ¿Por qué debo creer más al holista que al filósofo griego pagano? Los holistas hablan mucho acerca del "dualismo pagano," suponiendo que es falso por ser de paganos, pero no pueden tumbarlo sino solamente acusan a comentaristas antiguos de ser influidos por ello. Esos griegos paganos estaban más cerca de la verdad que los holistas.

(Las Escrituras mencionan dos partes del hombre, cuerpo y *alma* (Mat. 6:25; 10:28) y cuerpo y *espíritu* (Luc. 8:55; 1 Cor. 7:34; Sant, 2:26). ¿Estaban tan ignorantes dichos paganos? ¿Era Cristo pagano? ¿Siguió el "dualismo pagano"?)

¿Por qué los holistas de hoy no pueden producir escritos en abundancia del primer siglo, o del segundo, de cristianos primitivos, de antes de la "corrupción" de la mente por el llamado "dualismo pagano" (en los siglos tercero y cuarto) y, expresando entendimiento **holístico** con respecto a tales pasajes como Mat. 10:28; 25:41,46; 2 Tes. 1:9; Apoc. 14:11, dando ellos el tratamiento que los dan tales como Bacchiocchi, Fudge, Maxey y sus colegas de hoy? ¿Por qué los cristianos primitivos no fueron tan influidos por los griegos paganos del siglo primero pero los cristianos poco después comenzaron a ser tan influidos que cambiaran toda la verdad en interpretaciones "tradicionales"?

¿Por qué de entre mis hermanos en Cristo involucrados en este error todos son liberales, pervirtiendo las Escrituras en otros asuntos también (el uso de instrumentos en el cantar, el escoger ancianas para dirigir la congregación, etc.)? ¿Quiénes son éstos y los sectarios que sin su ayuda no podemos entender bien las Escrituras? El hno. Maxey, al referirse a sus testigos de entre sectarios y también hermanos liberales los exalta con términos de alabanza, pero de los testigos que el hno. Thrasher presentó el hno. Maxey habla con desdén, diciendo que algunos de ellos son "de la facción" de Thrasher, y que "son poco más que líderes vocales del lado ultraconservador de la 'Iglesia de Cristo' … (a veces caracterizada como la facción "anti" o la facción "No Institucional) … No me impresionan." ¡Es muy grato e imparcial el hermano!

¿Mis hermanos en la fe dependemos de sectarios (anglicanos y diversos protestantes americanos) de los últimos siglos para por fin entender bien ciertas escrituras? Ellos no son ni cristianos sino promotores del denominacionalismo, ¡sistema totalmente desconocido en el Nuevo Testamento! ¿A ellos miramos por la verdad? ¡Ni saben qué es la iglesia de Cristo!

—fin—

"Estoy puesto para la defensa del evangelio" Filipenses 1:17

Made in the USA
Columbia, SC
19 October 2022